Ferschl · Nutzen- und Entscheidungstheorie

Moderne Lehrtexte:

Wirtschaftswissenschaften   Band 10

Franz Ferschl

Nutzen- und Entscheidungstheorie

Einführung in die Logik der Entscheidungen

Westdeutscher Verlag

© 1975 Westdeutscher Verlag GmbH, Opladen
   C. Bertelsmann, Vertretung für Wien, Gesellschaft mbH
Umschlaggestaltung; Hanswerner Klein, Opladen
Satz: G. Hartmann, Nauheim

ISBN-13: 978-3-531-11222-0   e-ISBN-13: 978-3-322-86002-6
DOI: 10.1007/978-3-322-86002-6

Vorwort

Die vorliegende Einführung ist aus Vorlesungen hervorgegangen, die ich an den Universitäten Bonn und Wien gehalten habe. Diese Veranstaltungen hatten das Ziel, die Studenten auf die Statistische Entscheidungstheorie vorzubereiten. Es gibt bereits eine Reihe guter Einführungen in dieses Gebiet, welches heute allgemein als ein Grundkonzept der schließenden Statistik angesehen wird. Allerdings wird dann häufig der fundamentale Begriff „Entscheidungsfunktion" relativ knapp eingeführt, wobei der Anfänger oft Schwierigkeiten hat, den Funktionscharakter dieses Grundbegriffes richtig zu erfassen. Um diesen herauszuarbeiten, habe ich den stufenweisen Aufbau vom „no-data-Problem" zum Entscheidungsproblem, formuliert mit Entscheidungsfunktionen, scharf durchgeführt. Als Vorbild in dieser Hinsicht diente mir das Buch von Chernoff und Moses, „Elementary Decision Theory", dessen Darstellungsweise ich vor allem in III. Hauptteil gefolgt bin. Das von diesen Autoren stammende „Ausflugsbeispiel", das hier ebenfalls, wenn auch modifiziert und ausgebaut, benutzt wird, hat seinen didaktischen Wert bislang nicht eingebüßt.

Bei der Formulierung des Entscheidungsproblems entsteht die Notwendigkeit, sich mit der Nutzentheorie auseinanderzusetzen, die man in diesem Rahmen als kardinale Nutzentheorie benötigt. Ein weiteres Ziel dieser Einführung ist es, die Grundlagen dieser Theorie ausführlich darzustellen und zu zeigen, wie aus wenigen Voraussetzungen der kardinale Nutzenbegriff, und zwar in der Version des Erwartungsnutzens, entwickelt werden kann. Es wurde dabei nicht darauf verzichtet, den in seiner Grundidee zwar einfachen, in der genauen Durchführung aber etwas langwierigen Beweis des Hauptsatzes hier vorzuführen. Es sollte dies nicht zuletzt eine Probe aufs Exempel sein, ob ein gewisses Abstraktionsniveau und elementare Darstellung vereinbar seien. Dem ganzen vorgeschaltet ist eine allgemeine Theorie der Relationen, insbesondere der Ordnungsrelationen. Bei dem Bemühen, die Systematik der einschlägigen Begriffe möglichst übersichtlich zu geben, wäre ebenfalls ein Vorbild zu nennen, nämlich das wirklich grundlegende Buch von Fishburn „Utility Theory Decision Making". Desgleichen trugen zu der vorliegenden Darstellung Anregungen bei vor

allem die im Literaturverzeichnis angeführten Werke von
Ferguson und Menges. Als eine für den Statistiker und Wirt-
schaftswissenschaftler etwas entlegene Quelle sei noch das
Buch von Faure und Heurgon „Structures ordonnées et
algebrès de Boole" genannt, das mit didaktischem Geschick
gerichtete Graphen in seiner Darstellung von Relationen und
Ordnungsstrukturen benutzt. Auch in der vorliegenden Einführung werden graphische Darstellungen ausgiebig verwendet.

In einem letzten Abschnitt wurde schließlich etwas genauer
als sonst üblich auf das Informationskonzept der Entscheidungstheorie eingegangen. Es ist in diesem Rahmen ja möglich, den
Wert der Information zu definieren, den ein bestimmtes Zufallsexperiment über die unbekannten Zustände der Welt vermitteln
kann. Üblicherweise wird dies jedoch nur für die Bayes-Regel
durchgeführt. Hier wird eine Definition an die Spitze gestellt,
die von der verwendeten Entscheidungsregel unabhängig ist und
aus der sich das bisher verwendete Konzept als Spezialfall ab-
lesen läßt. Anregung, sich mit dieser Frage auseinanderzusetzen,
vermittelte unter anderem das Buch von Lindley „Making
Decisions".

Inhalt

1. Hauptteil: Präferenz- und Nutzentheorie

§ 1. Beispiele aus der Entscheidungstheorie

Das zentrale Thema der Entscheidungstheorie ist das *Entscheidungsproblem unter (vollständiger) Unsicherheit*. Zur Einführung seien einige Beispiele gegeben, welche diese Art der Entscheidungssituation verdeutlichen können. Insbesondere sollen sie zeigen, wie die Aspekte *Aktionsmöglichkeit*, *Unsicherheit* und *Zweckmäßigkeit* des Vorgehens im Modell der Entscheidungstheorie erfaßt werden.

1. Beispiel. Das Omelettenproblem von S a v a g e [1]

Jemand ist dabei, sich eine Omelette aus sechs Eiern zuzubereiten. Fünf liegen bereits in der Pfanne, das sechste ist noch aufzuschlagen. Es hat jedoch eine verdächtige Farbe, nämlich braun. Der unerfahrene Koch zweifelt, ob er dieses sechste Ei verwenden soll. Nach einigem Überlegen faßt er die Situation in folgendes Schema zusammen:

	θ_1	θ_2
a_1	12	-12
a_2	10	6
a_3	8	8

Die Symbole a_i, i = 1, 2, 3 bedeuten mögliche Aktionen:

a_1 . . . das sechste Ei ungeprüft in die Pfanne schlagen

a_2 . . . das sechste Ei vorher in eine getrennte Tasse
schlagen und prüfen; eine Tasse ist zu waschen

a_3 . . . das sechste Ei ungeprüft wegwerfen.

Die Symbole θ_j, j = 1, 2 bedeuten mögliche (jedoch unbekannte) Fakten, die aber für den Ausgang des Unternehmens relevant sind:

θ_1 . . . das sechste Ei ist gut

θ_2 . . . das sechste Ei ist „verdorben".

1 Siehe Savage (1972), S. 14.

Die Zahlen des Schemas bedeuten schließlich Bewertungen der Situationen, die sich für den Handelnden durch das Zusammentreffen von Aktion a_i und Faktum θ_j ergeben. Diese Situation nennen wir kurz „*Ergebnis*". Man hat also zwischen dem Ergebnis und der zugeordneten Bewertung zu unterscheiden.

Allgemein wollen wir Ergebnisse als *Paare* einführen. Wir schreiben:

$$o_{ij} = (a_i, \theta_j) \qquad \begin{matrix} i = 1, 2, 3 \\ j = 1, 2 \end{matrix} \qquad (1.1)$$

Zum Beispiel wäre dann

$o_{22} = (a_2, \theta_2)$: Eine Fünf-Eier-Omelette, dazu eine Tasse zu waschen

$o_{12} = (a_1, \theta_2)$: Eine verdorbene Omelette, fünf gute Eier sind verschwendet.

Die in das Schema eingetragenen Zahlen sollen als Nutzenbewertungen der Ergebnisse aufgefaßt werden:

$$o_{ij} \xrightarrow{\text{Bewertung}} u(o_{ij}) = u_{ij} \qquad (1.2)$$

Der Bewertungsvorgang wird hier nur vorläufig eingeführt; er bedarf noch einer gesonderten Reflexion.

Anmerkung 1.1. Genau genommen hat man auch zwischen den Ergebnissen o_{ij} und den Paaren (a_i, θ_j) zu unterscheiden. Die Ergebnisse sind ja erst die Konsequenzen, die sich für den Handelnden aus dem Auftreten der Konstellation (a_i, θ_j) ergeben. Genau genommen müßte man schreiben $o_{ij} = \varphi(a_i, \theta_j)$ oder

$$(a_i, \theta_j) \mapsto o_{ij} \qquad (1.3)$$

Für unsere Zwecke genügt es jedoch, Konsequenzen und Paare zu identifizieren, da explizit nicht von der Abbildung (1.3) Gebrauch gemacht wird.

2. Beispiel. Das Ausflugsproblem von C h e r n o f f und M o s e s [2]

Herr Kleinschmidt beschließt, einen Tagesausflug zu machen, und zwar in einer Jahreszeit, in der nur mit schönem Wetter oder mit Regen zu rechnen ist. Er kann drei Arten von Kleidung mitnehmen: Leichte Bekleidung, leichte Bekleidung plus Regenschirm, wetterfeste Bekleidung plus Regenschirm.

2 Chernoff und Moses (1959), S. 119 f. Die dort gegebenen Zahlenwerte wurden etwas verändert.

Er faßt sein Entscheidungsproblem in folgender Verlusttafel zusammen:

	θ_1	θ_2
a_1	0	10
a_2	2	7
a_3	8	2

Dabei sind

Aktionen:	*Fakten:*
a_1 . . . leichte Bekleidung mitnehmen	θ_1 . . . schönes Wetter
a_2 . . . leichte Bekleidung plus Regenschirm mitnehmen	θ_2 . . . Regenwetter
a_3 . . . wetterfeste Kleidung mitnehmen	

Im Gegensatz zum Entscheidungsproblem des ersten Beispiels werden hier die Bewertungen als *Verluste* ausgedrückt (d. h.: positive Zahlen sind Verluste, negative Zahlen Gewinne von „Nutzen"). *In der statistischen Entscheidungstheorie wird meist diese Form der Bewertung gewählt.* Für die formale Behandlung ist es jedoch unerheblich, welche Vorgangsweise man wählt.

Das Entscheidungsproblem bekommt seinen Unsicherheitsakzent dadurch, daß Herr Kleinschmidt zu Beginn des Ausflugs noch nicht erkennen kann, wie das Wetter sich im Laufe des Tages entwickelt. Er wird also versuchen, Informationen einzuholen. Normalerweise kann durch Beschaffung von Zusatzinformationen die Unsicherheit nicht ganz ausgeschaltet, wohl aber in gewisser Weise reduziert werden.

Dazu wird ein *Zufallsexperiment angestellt;* die Realisierungen einer (allgemeinen) Zufallsgröße X werden beobachtet. Das Zufallsexperiment bestehe in diesem Fall aus der Beobachtung eines Barometers mit der (künstlich vereinfachten) Skala

x_1 . . . das Barometer steigt
x_2 . . . das Barometer bleibt auf gleichem Stand
x_3 . . . das Barometer fällt

Der Zusammenhang zwischen Experiment und den Fakten θ_1, θ_2 wird durch eine Tabelle von bedingten Wahrscheinlichkeiten gestiftet:

	x_1	x_2	x_3
θ_1	$P\{X = x_1 \mid \theta_1\}$	$P\{X = x_2 \mid \theta_1\}$	$P\{X = x_3 \mid \theta_1\}$
θ_2	$P\{X = x_1 \mid \theta_2\}$	$P\{X = x_2 \mid \theta_2\}$	$P\{X = x_3 \mid \theta_2\}$

Als konkretes Zahlenbeispiel sei genommen:

	x_1	x_2	x_3
θ_1	0,70	0,20	0,10
θ_2	0,20	0,30	0,50

Es gilt nun, die Resultate des Zufallsexperiments in geeigneter Weise zu verarbeiten.

> Die systematische Ausnutzung von Beobachtungen im Entscheidungsproblem bei Unsicherheit ist der Gegenstand der statistischen Entscheidungstheorie.

3. Beispiel. *Ein medizinisches Entscheidungsproblem*

Im Rahmen einer Untersuchungsreihe hat der behandelnde Arzt zu entscheiden, ob bei einer bestimmten Person eine Behandlung einzuleiten sei oder nicht. Sein Entscheidungsproblem hat dann zunächst folgende einfache Struktur.

	θ_1	θ_2
a_1	0	40
a_2	10	10

Aktionen: a_1 ... keine Behandlung
a_2 ... Behandlung

Fakten: θ_1 ... die Person ist gesund
θ_2 ... die Person ist krank

Die Bewertungen sollen hier die Kosten widerspiegeln, die sich bei den verschiedenen Konstellationen ergeben. Die Kosten einer Behandlung betragen immer 10 Einheiten. Das Versäumnis einer Behandlung bringt vergleichsweise hohe Kosten, hier 40 Einheiten; der günstigste Fall wäre, eine gesunde Person unbehandelt zu lassen. Selbstverständlich wird der Arzt seine Entscheidung nicht aufs Geratewohl treffen, sondern eine Untersuchung anstellen, etwa einen Röntgentest mit den Ergebnissen

x_1 ... der Test weist auf Gesundheit hin
x_2 ... der Test weist auf Krankheit hin.

Die Qualität des Tests wird durch die folgende Tabelle von bedingten Wahrscheinlichkeiten gegeben:

	x_1	x_2
θ_1	$P\{X = x_1 \mid \theta_1\} = 0,95$	$P\{X = x_2 \mid \theta_1\} = 0,05$
θ_2	$P\{X = x_1 \mid \theta_2\} = 0,02$	$P\{X = x_2 \mid \theta_2\} = 0,98$

Man erkennt, daß die Qualität einer Untersuchungsmethode durch zwei Bestimmungsstücke gegeben ist: Erstens durch die

Wahrscheinlichkeit, einen Gesunden irrtümlich als krank zu
deklarieren — hier: $P\{X = x_2 | \theta_1\} = 0{,}05$ — zweitens durch die
Wahrscheinlichkeit, einen Kranken nicht als solchen zu erken-
nen — hier: $P\{X = x_1 | \theta_2\} = 0{,}02$.

Die Bezeichnung „Test" wurde absichtlich gewählt: Das
Modell des statistischen Tests basiert im Grunde auf einer
2×2-Verlusttafel, die Testcharakteristiken werden durch
„Irrtumswahrscheinlichkeiten" analog den oben beschriebenen
Irrtumswahrscheinlichkeiten der Untersuchungsmethode aus-
gedrückt.

4. Beispiel. *Ein statistisches Schätzproblem: Parameterschätzung*

Es soll der unbekannte Mittelwert μ einer Normalverteilung
geschätzt werden. Als Zufallsexperiment diene die Beobachtung
einer einfachen Zufallsstichprobe $X_1, X_2, \ldots, X_n$ aus der zu
untersuchenden Normalverteilung. Eine „Entscheidungstafel"
kann hier etwa in folgender Weise gegeben werden:

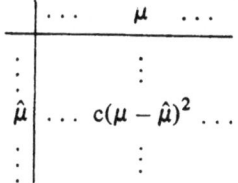

Auf den ersten Blick bereitet es vielleicht eine gewisse Schwierig-
keit, hier wieder die typische Struktur der vorangegangenen
Beispiele zu erkennen. Es seien daher einige besondere Züge
dieses Entscheidungsproblems hervorgehoben:

a) Unter der Menge der „Fakten" verstehen wir die Menge aller
möglichen Mittelwerte μ, etwa das Intervall $-\infty < \mu < +\infty$.
Eine „Aktion" ist die Angabe eines bestimmten Schätzwertes;
solche Werte werden mit $\hat{\mu}$ bezeichnet; zur Auswahl steht das
Intervall $-\infty < \hat{\mu} < +\infty$. Beide Mengen sind also nicht endlich,
sondern haben die Mächtigkeit des Kontinuums.

b) Der Verlust wird dem Quadrat des Schätzfehlers $\mu - \hat{\mu}$
proportional gesetzt. Quadratische Verlustfunktionen sind in
der Statistik sehr beliebt, da sie häufig zu altbekannten Schätz-
verfahren führen. Es wären aber auch andere Verlustfunktionen,
zum Beispiel ein Verlust proportional dem Absolutbetrag des
Schätzfehlers $c|\mu - \hat{\mu}|$ oder ähnliche Bildungen denkbar.

c) Daß ein Entscheidungsproblem wie das statistische Schätzproblem nur im Zusammenhang mit einer „Beobachtung" sinnvoll wird, ist unmittelbar einsichtig. Die Rolle der „Tabellen"
aus den vorangegangenen Beispielen übernimmt nun eine Schar

von Verteilungsfunktionen, die vom variierenden Mittelwert μ abhängen.

$$P\{X_1 \leqslant x_1, \ldots, X_n \leqslant x_n \mid \mu\} \tag{1.4}$$

Bei gegebenem Mittelwert μ liefert (1.4) die Beschreibung des Zufallsexperiments „Beobachtung einer Stichprobe $X_1, X_2, \ldots, X_n$".

§ 2. Allgemeine Struktur des Entscheidungsproblems. Interpretationen und Zielsetzungen in Entscheidungsproblemen bei Unsicherheit

A. Allgemeine Struktur des Entscheidungsproblems bei Unsicherheit

Das Entscheidungsproblem ist allgemein gegeben durch
— die Menge $\mathfrak{A}$. Ihre Elemente $a \in \mathfrak{A}$ nennen wir *Aktionen*
— die Menge Θ. Ihre Elemente $\theta \in \Theta$ nennen wir *Zustände der Welt* oder kurz *Zustände*.
— die Paarmenge (d. h. also: das kartesische Produkt) $\mathfrak{O} = \mathfrak{A} \times \Theta$. Ihre Elemente $o = (a, \theta) \in \mathfrak{O}$ nennen wir *Ergebnisse*.

Anmerkung 2.1. Meist werden wir variable Elemente von $\mathfrak{A}$ und Θ mittels variabler Elemente aus Indexmengen I und J schreiben:

$$a_i \in \mathfrak{A} \quad \text{mit} \quad i \in I$$
$$\theta_j \in \Theta \quad \text{mit} \quad j \in J$$

Fallweise auch: $o_{ij} = (a_i, \theta_j)$. Wird jedoch über das Zustandekommen der Ergebnisse nicht explizit gesprochen, schreiben wir auch $o_1, o_2 \ldots$

Sind die beiden Mengen $\mathfrak{A}$, Θ endlich, so kann das Entscheidungsproblem in Form einer Matrix — wie schon in den drei ersten Beispielen des § 1 — geschrieben werden:

	θ_1	θ_2	$\ldots$	θ_j	$\ldots$	θ_n
a_1	o_{11}	o_{12}	$\ldots$	o_{1j}	$\ldots$	o_{1n}
a_2	o_{21}	o_{22}	$\ldots$	o_{2j}	$\ldots$	o_{2n}
$\vdots$	$\vdots$	$\vdots$		$\vdots$		$\vdots$
a_i	o_{i1}	o_{i2}	$\ldots$	o_{ij}	$\ldots$	o_{in}
$\vdots$	$\vdots$	$\vdots$		$\vdots$		$\vdots$
a_m	o_{m1}	o_{m2}		o_{mj}		o_{mn}

$$\tag{2.1}$$

Die beiden Indexmengen in Anmerkung 2.1 werden dann
$I = \{1, \ldots, m\}$ und $J = \{1, \ldots, n\}$.

Wird ein Entscheidungsproblem in den Zusammenhang
einer umfassenden Theorie eingebaut, so ist die Bildung der
genannten Mengen meist nicht selbstverständlich, sondern man
muß eine Theorie über die möglichen (d. h. relevanten) Hand-
lungsweisen, eine Theorie über die denkbaren (und relevanten)
„Zustände der Welt" und vor allem auch eine Theorie über die
Konsequenzen haben, die sich für den Handelnden aus dem
Zusammentreffen von Aktion a und Zustand θ ergeben.

B. Verschiedene Interpretationen des Unsicherheitsphänomens

Es ist heute üblich, drei Interpretationsmöglichkeiten bezüglich
der Unsicherheit über das Zutreffen der Zustände θ zu unterscheiden:

a) Die Entscheidungssituation bei Risiko. Man nimmt hier an,
daß ein Wahrscheinlichkeitsmaß über der Zustandsmenge Θ
gegeben sei. Im Fall einer endlichen Zustandsmenge kann man
dann dieses Maß explizit in der Form

$$\begin{bmatrix} \theta_1, \theta_2, \ldots, \theta_n \\ p_1, p_2, \ldots, p_n \end{bmatrix} \tag{2.2}$$

angeben. Das bedeutet: Man weiß, daß θ_j mit der Wahrscheinlichkeit p_j zutrifft ($j = 1, \ldots, n$).

Im allgemeinen Fall nimmt man an, daß über Θ ein Meßraum $(\Theta, \mathfrak{B})$
konstruiert sei, der zu einem Wahrscheinlichkeitsfeld $(\Theta, \mathfrak{B}, P)$ erweitert
werden konnte, das heißt: allen Teilmengen $A \subset \Theta$, die Elemente des
Mengensystems $\mathfrak{B}$ (einer σ-Algebra) sind, wurde eine Wahrscheinlichkeit
$P(A)$ zugeordnet, die den Axiomen von Kolmogorov genügt.

Die Wahrscheinlichkeiten werden dabei als *häufigkeitsinter-
pretierbar*, das heißt also, als „objektive" Wahrscheinlichkeiten
vorausgesetzt. Diese Bemerkung ist wichtig für den Vergleich
mit der Bayes-Regel, die formal analog dem Ansatz (2.2)
gebaut ist.

b) Die Situation des strategischen Spiels. Die Zustände θ werden nun als Aktionsmöglichkeiten eines (oder mehrerer) rationaler Gegenspieler gedeutet. Die Theorie der strategischen
Spiele befaßt sich mit der Auswertung dieser Information.
Die – postulierte – Rationalität der Spielpartner läßt gewisse,
begrenzte Schlüsse über das Zutreffen der einzelnen θ zu. Mit
diesen Fragen befaßt sich die *Theorie der strategischen Spiele.*

c) Die Unsicherheitssituation im engeren Sinn. Sie wird als
gegeben angenommen, wenn weder objektive Wahrscheinlich-

keiten noch die Spielsituation mit rational handelnden Gegenspielern vorliegen. Diese Situation liegt allen folgenden Überlegungen, insbesondere auch dem statistischen Entscheidungsproblem zugrunde.

C. Mögliche Zielsetzungen im Rahmen eines Entscheidungsproblems

Bei unbefangener Betrachtung einer Entscheidungssituation wird man als Lösung des Entscheidungsproblems wohl das Auffinden einer „besten" Aktion ansehen. Abgesehen davon, wie man technisch Verfahren angeben soll, „beste" Aktionen zu finden, ist es nicht von vorneherein klar, was überhaupt als beste Aktion anzusehen sei. Wir müssen daher die Behandlung des Entscheidungsproblems in zwei grundlegend getrennte Abschnitte gliedern:

a) Eine Reflexion über den Begriff der „besten" Aktion. Dabei handelt es sich im Grunde um den Versuch „*rationales Verhalten*" in Unsicherheitssituationen zu *explizieren*. Eine solche Zielsetzung liefert immer eine *normative Theorie*, die ihren Niederschlag in der Angabe von Entscheidungsregeln findet.

b) Eine Reflexion über Verfahren, wie in komplizierten Situationen — insbesondere, wenn man, wie im statistischen Entscheidungsproblem, die Verarbeitung von Informationen mitberücksichtigt — bei gegebenen, normativen Prämissen beste Aktionen aufgefunden werden können.

Einen Hinweis auf die Notwendigkeit, beide Etappen zu betrachten, vermag schon die Betrachtung des *Entscheidungsproblems bei Sicherheit* zu geben. Diese Entscheidungssituation ist der Grenzfall des Entscheidungsproblems bei Unsicherheit, bei dem die Zustandsmenge Θ aus einem einzigen Element θ besteht:

	θ
a_1	o_1
a_2	o_2
$\vdots$	$\vdots$
a_i	o_i
$\vdots$	$\vdots$

Eine Lösungsmethode des Entscheidungsproblems bei Unsicherheit muß natürlich auch eine Lösungsmethode für den „deterministischen" Grenzfall sein. Dieses letztere Problem setzt aber zumindest die Existenz einer *Ordnungsstruktur* (Präferenzrelation) auf der Menge $\mathfrak{O}$ voraus. Das Ziel „Auswahl der besten Aktion", hier: „Auswahl des besten Ergebnisses" hat die Existenz einer Ordnungsstruktur als logische Voraussetzung.

Die statistische Entscheidungstheorie verlangt noch mehr als das bloße Bestehen einer geeigneten Ordnungsstruktur auf der Menge der Ergebnisse. Will man nämlich die Informationen ausnutzen, welche die bedingten Verteilungen der explorierenden Zufallsexperimente beinhalten, muß man *Erwartungswerte* bilden können. Diese Forderung zieht zwangsläufig zwei weitere nach sich:
− die Existenz eines kardinalen Nutzens auf der Menge $\mathfrak{O}$
− die Erwartungstreue dieses kardinalen Nutzens.
Die Entwicklung eines solchen Konzepts ist Gegenstand der *Neumann-Morgenstern'schen Theorie des kardinalen Nutzens.*

Wir widmen uns also im folgenden zunächst der Betrachtung von Ordnungsstrukturen bzw. Präferenzrelationen und geben dann einen Einblick in die Neumann-Morgenstern'sche Nutzentheorie.

§ 3. Präferenzrelationen

A. Relationen und gerichtete Graphen

Präferenzen können als *zweistellige (binäre) Relationen* aufgefaßt werden. Es ist zweckmäßig, der Betrachtung von Präferenzen und dem Studium der damit zusammenhängenden Ordnungsstrukturen einige Grundbegriffe aus der Theorie der Relationen voranzustellen.

Gegeben sei eine Grundmenge $\mathfrak{M}$ von gewissen Objekten. Davon ausgehend, wird die Menge aller geordneten Paare, bestehend aus Elementen von $\mathfrak{M}$ gebildet. Man schreibt hierfür $\mathfrak{M} \times \mathfrak{M}$; es gilt also

$$\mathfrak{M} \times \mathfrak{M} = \left\{ (a, b) \mid a \in \mathfrak{M}, \ b \in \mathfrak{M} \right\} \tag{3.1}$$

Zweistellige Relationen werden nun als Teilmengen von $\mathfrak{M} \times \mathfrak{M}$ eingeführt:

Definition 3.1. a) Eine zweistellige (binäre) Relation $\mathfrak{R}$ in der Menge $\mathfrak{M}$ ist eine Teilmenge von $\mathfrak{M} \times \mathfrak{M}$, in Zeichen:

$$\mathfrak{R} \subset \mathfrak{M} \times \mathfrak{M}$$

b) Ist ein geordnetes Paar (a, b) Element von $\mathfrak{R}$, so sagt man, daß die Relation $\mathfrak{R}$ zwischen a und b besteht. Wir schreiben dann a R b und es gilt symbolisch:

$$a \, R \, b \ \Leftrightarrow \ (a, b) \in \mathfrak{R}$$

Statt „zweistellige Relation" verwenden wir in Hinkunft die
einfache Bezeichnung „Relation", da praktisch alle später
vorkommenden Relationen zweistellig sind.

Ist $\mathfrak{M}$ eine endliche Menge, dann kann man $\mathfrak{R}$ durch einen
gerichteten Graphen veranschaulichen: Die Elemente von $\mathfrak{M}$
sind die Punkte des Graphen; genau dann, wenn a R b gilt,
wird ein Pfeil gezeichnet, der vom Punkt a zum Punkt b führt.

Beispiel 3.1. Gegeben sei die vierelementige Menge $\{a, b, c, d\}$; die
Relation $\mathfrak{R}$ sei die Paarmenge $\mathfrak{R} = \{(a, b), (a, c), (b, a), (c, d), (d, b), (d, d)\}$.
Der zugehörige Graph wird:

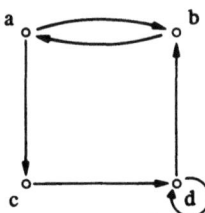

Für die Anwendung des allgemeinen Relationsbegriffes ist es
vorteilhaft, Relationstypen durch bestimmte Eigenschaften
zu kennzeichnen. Es sei zunächst eine Liste gegeben, welche
einige für die Präferenztheorie wichtigen Eigenschaften übersichtlich zusammenfassen soll.[3]

Übersicht 1. Eigenschaften von Relationen

Name und Charakterisierung	Veranschaulichung durch einen gerichteten Graphen
Vorbemerkung: In den charakterisie- renden Aussagen, wurden die Allopera- toren weggelassen. Es ist also etwa „x R x" so zu lesen: „für alle $x \in \mathfrak{M}$ gilt x R x"	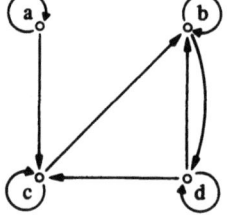
e1 Reflexivität x R x	

Bemerkung: Bei allen Punkten des Graphen treten Schleifen auf.

---

3 Zusammenstellungen betreffend Eigenschaften von Relationen finden
   sich etwa in Faure und Heurgon (1971), S. 7 ff., Fishburn (1970),
   S. 10 f. sowie Menges (1969), S. 45 f.

e2   *Irreflexivität*

nicht x R x
      oder:
x R y ⇒ x ≠ y

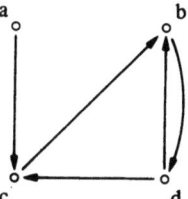

Bemerkung: Kein Punkt des Graphen trägt eine Schleife. Gerichtete
           Graphen dieser Art werden auch *Digraphen* genannt.

e3   *Symmetrie*

x R y ⇒ y R x

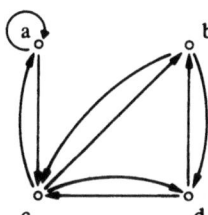

Bemerkung: Symmetrische Relationen.können auch durch unge-
           richtete Graphen dargestellt werden:

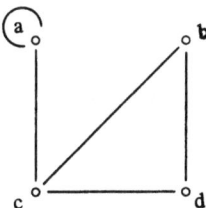

e4   *Asymmetrie*

x R y ⇒ nicht y R x

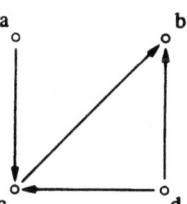

Bemerkung: Eine asymmetrische Relation ist immer irreflexiv

e5 *Antisymmetrie*

$x \, R \, y$ und $y \, R \, x \Rightarrow x = y$

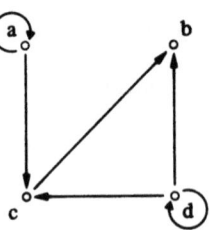

Bemerkung: Wie bei der Asymmetrie dürfen keine „Doppelpfeile"
zwischen zwei Punkten vorkommen; jedoch sind
„Schleifen" erlaubt.

e6 *Transitivität*

$x \, R \, y$ und $y \, R \, z \Rightarrow x \, R \, z$

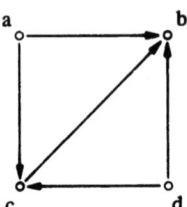

e7 *Intransitivität*

$x \, R \, y$ und $y \, R \, z \Rightarrow$ nicht $x \, R \, z$

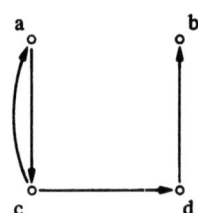

e8 *Negative Transitivität*

(nicht $x \, R \, y$) und (nicht $y \, R \, z$) $\Rightarrow$ nicht $x \, R \, z$

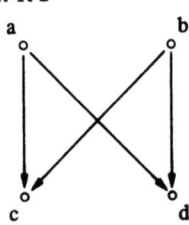

Bemerkung: Man kann zeigen[4] daß die negative Transitivität mit
der oft leichter nachzuprüfenden Eigenschaft

$x \, R \, y \rightarrow (x \, R \, z$ oder $z \, R \, y)$

äquivalent ist.

4 Siehe etwa Fishburn (1970), S. 11.

e9   Zusammenhang (Vollständigkeit)

x R y oder y R x

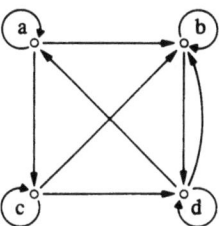

Bemerkungen: a) Das „oder" ist hier als nicht ausschließend zu
                 verstehen. Jedes Punktepaar ist durch *mindestens*
                 einen Pfeil zu verbinden.
              b) Eine zusammenhängende Relation ist reflexiv.

e10 Schwacher Zusammenhang

x ≠ y ⇒ x R y oder y R x

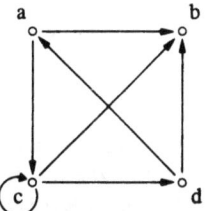

Bemerkungen: a) Jedes Punktepaar, gebildet aus *verschiedenen*
                 Punkten ist durch mindestens einen Pfeil zu
                 verbinden.
              b) In der Graphentheorie wird ein anderer
                 Zusammenhangsbegriff verwendet, der auf der
                 Betrachtung von Wegen in einem gerichteten
                 Graphen beruht.

Die in der Tabelle angeführten Eigenschaften lassen sich in vier
Grpppen gliedern, und zwar hinsichtlich der Aspekte
— Reflexivität   (e1, e2)
— Symmetrie (e3, e4, e5)
— Transitivität   (e6, e7, e8)
— Zusammenhang (e9, e10)
Neben den in den Bemerkungen angegebenen Beziehungen
lassen sich selbstverständlich noch eine Reihe weiterer Quer-
verbindungen auffinden, z. B.: Aus der Transitivität und der
Irreflexitivität folgt die Asymmetrie, aus der Intransitivität
die Irreflexivität.
   Weitere Relationstypen, insbesondere Präferenz- und Ord-
nungsstrukturen, lassen sich nun dadurch bilden, daß man
mehrere Eigenschaften aus der Liste *zusammen* fordert. Aller-

dings findet man auf diesem Gebiet eine etwas verwirrende
Vielfalt von Strukturen vor. Unsere Ausführungen halten sich
möglichst weitgehend an die Bezeichnungen von *F i s h b u r n*
(1970) und *F a u r e , H e u r g o n* (1971). Daneben verwenden wir im nächsten Abschnitt vor allem eine in *F e r g u -
s o n* (1968) vorkommende Konstruktion, die sich bei der
Gestaltung gewisser Beweise in der Theorie des kardinalen
Nutzens als recht bequem erweist. *M e n g e s* (1969) gibt
eine sehr gute Übersicht über die traditionelle Ordnungsstrukturen; in einigen (unwesentlichen) Punkten weichen wir jedoch
von seiner Bezeichnungsweise ab.

An dieser Stelle sei zunächst nur die Definition einer Äquivalenzrelation gegeben:

> *Definition 3.2.* Eine Relation $\Re$ heißt Äquivalenzrelation,
> wenn sie die Eigenschaften
>
> Ae 1. Reflexivität   x R x
> Ae 2. Symmetrie   x R y $\Rightarrow$ yR x
> Ae 3. Transitivität   x R y und y R z $\Rightarrow$ x R z
> besitzt.

Man kann zeigen, daß durch eine Äquivalenzrelation eine
Klasseneinteilung in der Menge $\mathfrak{M}$ gestiftet wird und daß
umgekehrt jeder Klasseneinteilung der Menge $\mathfrak{M}$ eine Äquivalenzrelation zugerechnet werden kann. Unter Klasseneinteilung einer Menge $\mathfrak{M}$ versteht man bekanntlich eine Zerlegung
von $\mathfrak{M}$ in einander ausschließende (disjunkte) Teilmengen.

Beispiel 3.2. Gegeben sei die Menge $\mathfrak{M} = \{a, b, c, d, e\}$. Wir betrachten
zwei Beispiele von Äquivalenzrelationen in $\mathfrak{M}$.

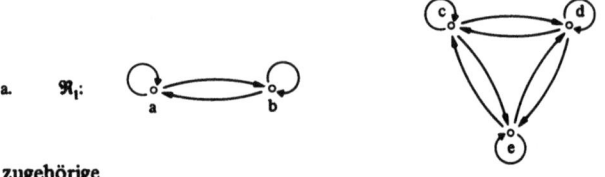

a. $\Re_1$:

zugehörige
Klasseneinteilung:
$\{a, b/c, d, e\}$

b. $\Re_2$:

zugehörige
Klasseneinteilung:
$\{c/a, d/b, e\}$

B. Ordnungsstrukturen in $\mathfrak{O}$, der Menge der Ergebnisse

Will man die in Abschnitt betrachteten Eigenschaften in irgendwelchen Sachgebieten anwenden, so bieten sich zwei verschiedene Vorgangsweisen an:

- Man kann Relationen, deren Struktur durch sachliche Bedingungen bereits bekannt sind, daraufhin untersuchen, welche Eigenschaften ihnen zukommen. Zum Beispiel kann man leicht feststellen, daß die Relation „$\leq$" im Bereich der reellen Zahlen reflexiv, antisymmetrisch, transitiv, negativ transitiv und zusammenhängend ist; die Relation „ist Bruder von" in einer beliebigen Menge von Personen ist symmetrisch.
- Man kann Eigenschaften von Relationen postulieren, wenn ihre (oft nur vage greifbare Struktur) endgültig festgelegt werden soll. Dann bekommen diese Eigenschaften den Charakter von Axiomen. In einer normativen Präferenz- oder Nutzentheorie geht man meist diesen zweiten Weg, indem man versucht, für Relationen des „Vorziehens" geeignete Eigenschaften zu postulieren; diese Postulate werden als Vorschläge zur Beschreibung *rationaler* Verhaltensweisen aufgefaßt. Im folgenden wird ausschließlich diese Vorgangsweise gewählt.

Auf der Menge der Ergebnisse $\mathfrak{O}$ wird das Bestehen einer Relation „$\precsim$" postuliert, die folgenden Axiomen genügen soll:

P1 Zusammenhang. Für zwei beliebige Elemente o_1, o_2 besteht *mindestens eine* der Aussagen

$$o_1 \precsim o_2, \quad o_2 \precsim o_1$$

P2 Transitivität. Für drei beliebige Elemente o_1, o_2, o_3 gilt

$$o_1 \precsim o_2 \text{ und } o_2 \precsim o_3 \Rightarrow o_1 \precsim o_3$$

Wir deuten die Aussage $o_1 \precsim o_2$ als: o_1 *wird o_2 nicht vorgezogen"*. Eine Relation, die den Axiomen P1 und P2 genügt, nennen wir „*schwache Präferenz*".

Aus einer schwachen Präferenz können leicht weitere Relationen hergeleitet werden.

Definition 3.3. Die *Indifferenzrelation* „$\sim$".

$$o_1 \sim o_2 \Leftrightarrow o_1 \precsim o_2 \text{ und } o_2 \precsim o_1$$

Die Aussage $o_1 \sim o_2$ gilt also genau dann, wenn *beide* Aussagen $o_1 \precsim o_2$ und $o_2 \precsim o_1$ zutreffen. Man vergleiche diese Forderung mit dem Zusammenhangsaxiom P1. Man beachte, daß die sachliche Interpretation von „$\sim$" nicht nur die Indifferenz im Sinne von „gleich wertvoll" einschließt, sondern — vermöge des negativen Ansatzes der Präferenz — auch die Fälle des echten „Nichtvergleichenkönnens".

> *Satz 3.1.* Die Indifferenz gemäß Definition 3.3. ist eine Äquivalenzrelation

Beweis: Man hat also zu zeigen, daß die Relation „$\sim$" reflexiv, symmetrisch und transitiv ist.

a) Reflexivität. Man setzt in P1 für das Paar (o_1, o_2) das spezielle Paar (o_1, o_1) ein und erhält, daß $o_1 \precsim o_1$ für alle o_1 gilt. Selbstverständlich trifft dann auch

$$o_1 \precsim o_1 \quad \text{und} \quad o_1 \precsim o_1$$

zu, woraus nach Definition 3.3 die Relation $o_1 \sim o_1$ für alle $o_1 \in \mathfrak{O}$ folgt.

b) Symmetrie. Wir betrachten die Folgerungskette

$$o_1 \sim o_2 \Rightarrow o_1 \precsim o_2 \text{ und } o_2 \precsim o_1 \quad \text{(Def. 3.3)}$$
$$o_1 \precsim o_2 \text{ und } o_2 \precsim o_1 \Rightarrow o_2 \precsim o_1 \text{ und } o_1 \precsim o_2$$
$$o_2 \precsim o_1 \text{ und } o_1 \precsim o_2 \Rightarrow o_2 \sim o_1 \quad \text{(Def. 3.3)}$$

also zusammengefaßt:

$$o_1 \sim o_2 \Rightarrow o_2 \sim o_1$$

c) Transitivität. Diese Eigenschaft kann schematisch so abgeleitet werden:

$$
\begin{array}{lll}
o_1 \sim o_2 \Rightarrow & \boxed{\begin{array}{l} o_1 \precsim o_2 \\ \text{und} \\ o_2 \precsim o_3 \end{array}} & \text{und} \quad \boxed{\begin{array}{l} o_2 \precsim o_1 \\ \text{und} \\ o_3 \precsim o_2 \end{array}} \\
\text{und} & & \\
o_2 \sim o_3 \Rightarrow & &
\end{array}
$$

$$\Downarrow \leftarrow \text{wegen P2} \rightarrow \Downarrow$$

$$o_1 \precsim o_3 \quad \text{und} \quad \underbrace{o_3 \precsim o_1}$$

$$\Downarrow \quad \text{nach Def. 3.3.}$$

$$o_1 \sim o_3$$

Also zusammengefaßt $o_1 \sim o_2$ und $o_2 \sim o_3 \Rightarrow o_1 \sim o_3$ ∎

Als weitere Relation leiten wir her:

> *Definition 3.4. Die strikte Präferenz* „$\prec$"
> a) $o_1 \prec o_2 \Leftrightarrow o_1 \precsim o_2$ und nicht $o_2 \precsim o_1$
> Gleichwertig ist die Form
> b) $o_1 \prec o_2 \Leftrightarrow o_1 \precsim o_2$ und nicht $o_1 \sim o_2$

Satz 3.2. Die strikte Präferenz gemäß Definition 3.4 hat folgende Eigenschaften:

a) *Asymmetrie:* $o_1 \prec o_2 \Rightarrow$ nicht $o_2 \prec o_1$

b) *Transitivität:* $o_1 \prec o_2$ und $o_2 \prec o_3 \Rightarrow o_1 \prec o_3$

c) *Negative Transitivität:*

$$(\text{nicht } o_1 \prec o_2) \text{ und } (\text{nicht } o_2 \prec o_3) \Rightarrow$$
$$\Rightarrow (\text{nicht } o_1 \prec o_3)$$

d) *Trichotomie:* Für beliebige o_1, o_2 gilt genau eine der Aussagen $o_1 \prec o_2, o_1 \sim o_2, o_2 \prec o_1$.

Relationen, die zugleich asymmetrisch und negativ transitiv sind, werden bei *F i s h b u r n* (1970) als Ausgangspunkt genommen[5] und dort „schwache Ordnung (weak order)" genannt. Satz 3.2 zeigt also unter anderem, daß diese beiden Konzepte im wesentlichen dasselbe beinhalten und durch das „Striktmachen" verbunden werden können.

Beweis des Satzes 3.2. Nach P1 gilt *mindestens* eine der Aussagen $o_1 \precsim o_2, o_2 \precsim o_1$. Daraus konstruiert man unmittelbar die drei einander ausschließenden Fälle:

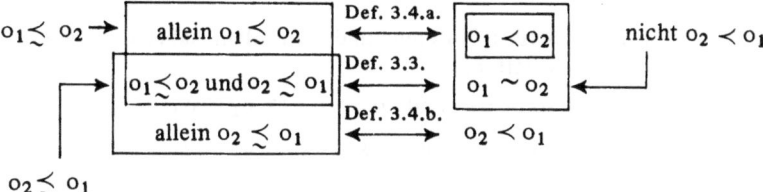

d) Trichotomie. Sie folgt, wie aus obigem Schema ersichtlich, unmittelbar aus den Definitionen der Äquivalenz und der strikten Präferenz.

a) Asymmetrie. Aus dem Schema, rechte Hälfte ist ersichtlich, daß $o_1 \prec o_2$ Teilaussage von „nicht $o_2 \prec o_1$" ist. Daher die Folgerungsgleichung.

b) Negative Transitivität. Durch den Vergleich der beiden Trichotomien des obigen Schemas erhalten wir zunächst die Äquivalenzen

$$\text{nicht } o_2 \prec o_1 \Leftrightarrow o_1 \precsim o_2; \text{ nicht } o_1 \prec o_2 \Leftrightarrow o_2 \precsim o_1$$

Damit erhalten wir dann die Sequenz:

$$(\text{nicht } o_1 \prec o_2) \text{ und } (\text{nicht } o_2 \prec o_3) \Leftrightarrow o_2 \precsim o_1 \text{ und}$$
$$o_3 \precsim o_2 \Rightarrow (\text{Transitivität von } „\precsim") \ o_3 \precsim o_1 \Leftrightarrow \text{nicht}$$
$$o_1 \prec o_3.$$

5 Allerdings wird dort die Bezeichnung „strikt" in einem anderen Sinn verwendet.

c) Transitivität. Wir verwenden Def. 3.4 in folgendem Schema:

$$
\begin{array}{l}
o_1 \prec o_2 \Leftrightarrow \boxed{\begin{array}{l} o_1 \precsim o_2 \\ \text{und} \\ o_2 \precsim o_3 \end{array}} \quad \begin{array}{l}\text{und (nicht } o_2 \precsim o_1) \\ \\ \text{und (nicht } o_3 \precsim o_2)\end{array} \\
\text{und} \\
o_2 \prec o_3 \Leftrightarrow \\
 \Downarrow \\
 o_1 \precsim o_3
\end{array}
$$

Zu zeigen ist noch: nicht $o_3 \precsim o_1$. Wäre nämlich $o_3 \precsim o_1$, so würde mit $o_1 \precsim o_2$ wegen der Transitivität folgen: $o_3 \precsim o_2$; dies steht jedoch im Widerspruch zu $o_2 \prec o_3$. ∎

Die beim Beweis der negativen Transitivität verwendete Äquivalenz nicht $o_1 \prec o_2 \Leftrightarrow o_2 \precsim o_1$ führt auf die Interpretation „*o_2 wird o_1 vorgezogen*" für $o_1 \prec o_2$, wenn man an der Interpretation für die Relation „$\precsim$" festhält, die im Anschluß an P1 und P2 vorgeschlagen wurde.

Auch die Kombination der Relationen „$\prec$" und „$\sim$" zeigt Transitivitätseigenschaften:

Satz 3.3. Strikte Präferenz und Äquivalenz haben die Eigenschaften:

a) $o_1 \prec o_2$ und $o_2 \sim o_3$ ⇒ $o_1 \prec o_3$

b) $o_1 \sim o_2$ und $o_2 \prec o_3$ ⇒ $o_1 \prec o_3$

Der einfache Beweis dieses Satzes wird dem Leser überlassen.

C. Äquivalenzklassen, Quotientenmengen und Präferenzrelationen in der Quotientenmenge

Ein wichtiges Mittel, Ordnungsstrukturen − und allgemein auch beliebige Relationen − durchsichtig zu machen, besteht aus der Bildung von Quotientenmengen und der Übertragung der ursprünglich gegebenen Relation in die Quotientenmenge.

Ausgangspunkt sei die Betrachtung der Äquivalenzrelation „$\sim$" in der Menge $\mathfrak{O}$. Durch die folgenden Definitionen wird nun ein neuer Bereich von Objekten gebildet:

Definition 3.5. a) Es sei „$\sim$" eine Äquivalenzrelation in der Menge $\mathfrak{O}$, $o \in \mathfrak{O}$. Die Teilmenge

$$[o]_\sim = \{o_i | o_i \in \mathfrak{O} \text{ und } o_i \sim o\}$$

heiße die *Äquivalenzklasse von o unter der Äquivalenzrelation* „$\sim$"

b) Die Menge

$$\mathfrak{O}/_\sim = \{ [o]_\sim \mid o \in \mathfrak{O} \}$$

heißt die *Quotientenmenge von* $\mathfrak{O}$ *bezüglich* „$\sim$".

Wie schon im Anschluß an Definition 3.2. bemerkt wurde, bilden die Äquivalenzklassen $[o]_\sim$ eine Zerlegung der Menge $\mathfrak{O}$; das heißt in der Schreibweise von Definition 3.5. Sind o_1, o_2 zwei Elemente aus $\mathfrak{O}$, so gilt

$$\text{entweder } [o_1]_\sim = [o_2]_\sim \quad \text{oder} \quad [o_1]_\sim \cap [o_2]_\sim = \phi.$$

Zwischen Objektmenge $\mathfrak{O}$ und der Quotientenmenge $\mathfrak{O}/_\sim$ kann immer eine Abbildung definiert werden:

Definition 3.6. Die Abbildung

$$\begin{aligned} \nu: \mathfrak{O} &\to \mathfrak{O}/_\sim \\ o &\mapsto [o]_\sim \end{aligned}$$

heißt die natürliche Abbildung von $\mathfrak{O}$ auf die Quotientenmenge $\mathfrak{O}/_\sim$.

Beispiel 3.3. Durch eine Äquivalenzrelation „$\approx$" werde in der Menge $\mathfrak{M}$ folgende Klasseneinteilung gestiftet:

$$\mathfrak{M} = \{ a \mid b, c, d \mid e, f \}$$

Dann erhalten wir

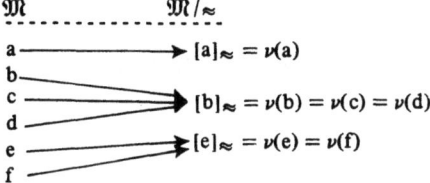

Eine in der Objektmenge $\mathfrak{O}$ bestehende Präferenzrelation kann nun in die Quotientenmenge $\mathfrak{O}/_\sim$ übertragen werden. Dabei gehen wir von der Relation „$\prec$" in $\mathfrak{O}$ aus und ordnen ihr auf folgende Weise eine Relation „$\prec'$" in $\mathfrak{O}/_\sim$ zu.

Definition 3.7. Es sei $o_1, o_2 \in \mathfrak{O}$; dann sei die Relation „$\prec'$" gegeben durch die Forderung

$$o_1 \prec o_2 \Rightarrow [o_1]_\sim \prec' [o_2]_\sim.$$

Der nächste Satz kennzeichnet die Eigenschaften der Relation „$\prec'$". Zur Vereinfachung der Schreibweise seien im folgenden die Elemente von $\mathfrak{O}/_\sim$ mit $a, b, \ldots a_1, a_2, \ldots$ bezeichnet.

Satz 3.4. Die Relation „$\prec'$" in $\mathfrak{O}/_\sim$ hat die Eigenschaften:

K1   *Irreflexivität:*   Nicht $a \prec' a$

K2   *Asymmetrie:* $a \prec' b \Rightarrow$ nicht $b \prec' a$

K3   *Transitivität:* $a \prec' b$ und $b \prec' c \Rightarrow a \prec' c$

K4   *Schwacher Zusammenhang:*

      $a \neq b \Rightarrow a \prec' b$ oder $b \prec' a$

Anmerkung 3.1. Die Eigenschaften K1 bis K4 sind nicht unabhängig.
Man kann zeigen: a) Aus K2 folgt K1 b) Aus K1 und K4 folgt K2.
Eine Menge, auf der eine Relation mit den Eigenschaften K1
bis K4 besteht, nennen wir *strikt linear geordnet* oder eine
strikte Kette.

Beispiel 4. a) Die Menge der reellen Zahlen bildet bezüglich der Relation „kleiner" = „<" eine strikte Kette.
b) Die folgenden Graphen

sind die Schaubilder der strikten Ketten mit höchstens vier Elementen.

Beweis des Satzes 3.4. Es gilt die Folgebeziehung $[o_1]_\sim \prec'$
$[o_2]_\sim \Rightarrow o_1 \prec o_2$; von den drei einander ausschließenden und
erschöpfenden Möglichkeiten $o_1 \prec o_2, o_1 \sim o_2, o_2 \prec o_1$ führt
nämlich wegen Def. 3.7. und Def. 3.5. genau die erste auf
$[o_1]_\sim \prec' [o_2]_\sim$. Anstelle der Def. 3.7. kann also immer die stärkere Behauptung

$$o_1 \prec o_2 \Leftrightarrow [o_1]_\sim \prec' [o_2]_\sim \tag{3.1}$$

verwendet werden.

Für einen Einblick in die weitere Beweisführung genüge der
Beweis von K1 und K4.

K1. Irreflexivität. Es sei

$$o_1 \in a, \; o_2 \in a \tag{3.2}$$

Nach (3.1) gilt: $a \prec' a \Leftrightarrow o_1 \prec o_2$. Aus (3.2) würde folgen
$o_1 \sim o_2$. Nach Satz 3.2.d) (Trichotomie) widersprechen die
Aussagen $o_1 \prec o_2$ und $o_1 \sim o_2$ einander. Also führt die An-
nahme $a \prec' a$ immer auf einen Widerspruch.

K4. Schwacher Zusammenhang. Es sei $o_1 \in a, o_2 \in b$. Aus
$a \neq b$ folgt die Aussage: nicht $o_1 \sim o_2$. Nach Satz 3.2. d) gilt
dann genau eine der beiden Aussagen $o_1 \prec o_2, o_2 \prec o_1$. Nach
(3.1) heißt das aber, daß genau eine der beiden Aussagen
$a \prec' b, b \prec' a$ gilt.
Die Beweise für K2 und K3 gehen ganz analog.   ∎

Durch die Anwendung des Satzes 3.4. ist es möglich, die Struktur der schwachen und der strikten Präferenz vollständig zu übersehen. Ist die Menge $\mathfrak{O}$ überdies endlich, so können grundsätzlich alle möglichen Präferenzstrukturen auf $\mathfrak{O}$ durch den zugehörigen Graphen angegeben werden. Wie dies geschehen kann, sei am Beispiel einer vierelementigen Objektmenge $\mathfrak{O} = \{o_1, o_2, o_3, o_4\}$ demonstriert. Eine mögliche Zerlegung von $\mathfrak{O}$ in Äquivalenzklassen ist etwa $\{o_1, o_2 / o_3, o_4\}$. Dann ist

$$[o_1]_\sim = \{o_1, o_2\} \qquad [o_3]_\sim = \{o_3, o_4\} .$$

Nun können wir drei Graphen nebeneinanderstellen, welche die drei Relationen „$\prec'$", „$\prec$" und „$\precsim$"veranschaulichen:

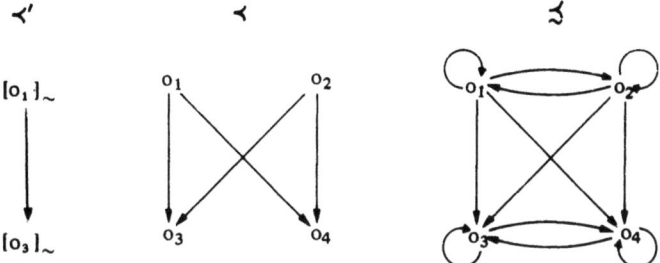

Dabei ist folgendes zu beachten:

$\prec'$ . . . die Pfeile geben die Struktur einer strikten Kette an; siehe hierzu auch Beispiel 3.4.

$\prec$ . . . innerhalb der Äquivalenzklassen keine Pfeile; zwischen den Elementen in verschiedenen Klassen Pfeile wie in der Kette.

$\precsim$ . . . innerhalb der Äquivalenzklassen symmetrische Pfeilanordnung zwischen je zwei verschiedenen Elementen; eine Schleife zu jedem Element hinzufügen; zwischen den Elementen in verschiedenen Klassen Pfeile wie in der Kette.

Beispiel 3.5. Alle möglichen (nichtisomorphen) Präferenzstrukturen in endlichen Mengen mit k Elementen können mit den *geordneten Zerlegungen* die Zahl k in positive, ganzzahlige *Summanden* in Zusammenhang gebracht werden. Solche additiven Zerlegungen nennt man auch (geordnete) Partitionen.

Für den Fall k = 4 sei eine vollständige Liste angeführt, welche die Graphen für die Relationen „$\prec'$" und „$\prec$" enthält:

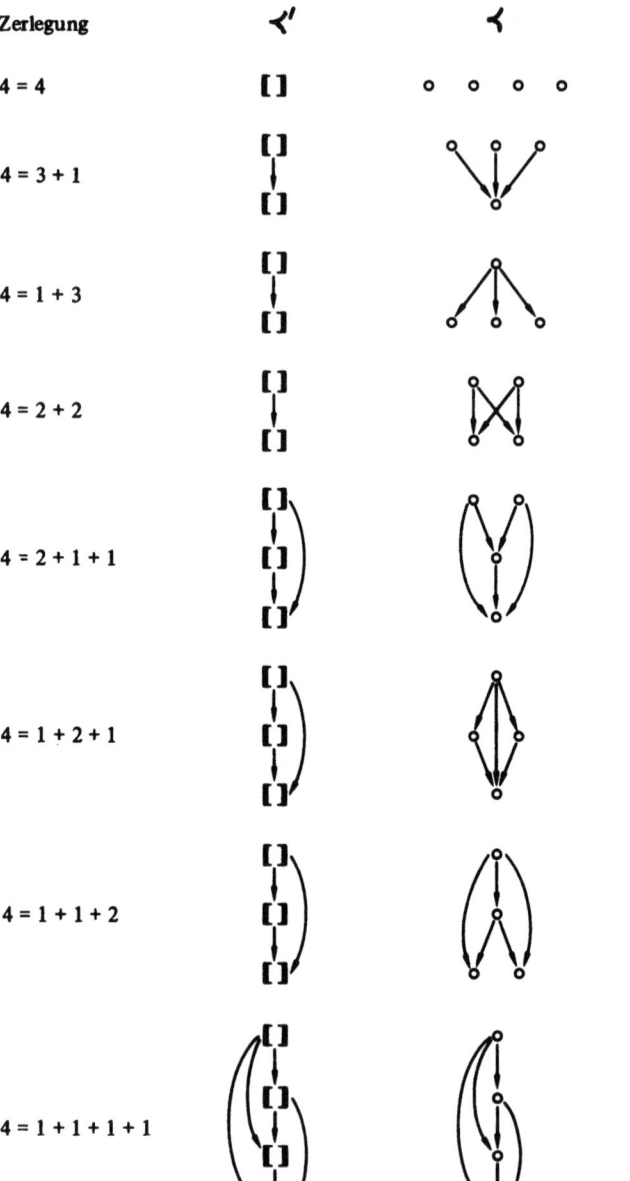

Die Graphen für die Relation „$\lesssim$" können durch Ergänzungen gemäß der oben angegebenen Regel leicht aus den Graphen für „$\prec$" abgeleitet werden.

Im Falle einer k-elementigen Menge gibt es insgesamt 2^{k-1} verschiedene geordnete Partitionen der Zahl k und somit ebensoviele verschiedene Präferenzstrukturen, die den Axiomen P1 und P2 genügen.

Man beachte: Die angegebene Anzahl betrifft nichtisomorphe Strukturen; berücksichtigt man noch die möglichen Verteilungen der einzelnen Elemente von $\mathfrak{O}$ auf die Äquivalenzklassen, so erhält man schon im Fall k = 4 insgesamt 75 verschiedene schwache (bzw. strikte) Präferenzen.

§ 4. Ordinale Nutzenindizes

A. Monotone Abbildungen

Gegeben sei ein Objektbereich $\mathfrak{O}$ mit einer Relation „$\precsim$", die den Axiomen P1 und P2 genügt, sowie die zugehörige strikte Relation „$\prec$".

Definition 4.1. Eine Abbildung von $\mathfrak{O}$ in die Menge der reellen Zahlen $\mathbb{R}$

$$f: \mathfrak{O} \to \mathbb{R}$$
$$o \mapsto f(o)$$

heißt *monoton* oder *ordnungstreu* in bezug auf die Relation „$\precsim$", wenn für alle $o_1, o_2 \in \mathfrak{O}$ gilt:

$$o_1 \precsim o_2 \Leftrightarrow f(o_1) \leqslant f(o_2) \tag{4.1}$$

Deutet man die Relation „$\precsim$" als „nicht vorgezogen", so nennt man eine monotone Abbildung in $\mathbb{R}$ auch einen *ordinalen Nutzenindex* und verwendet hierfür das Funktionszeichen u. Zwei wichtige Eigenschaften seien im folgenden Satz zusammengefaßt:

Satz 4.1.   Es sei u ein ordinaler Nutzenindex. Dann gilt:

a)
$$o_1 \prec o_2 \Leftrightarrow u(o_1) < u(o_2) \tag{4.2}$$
$$o_1 \sim o_2 \Leftrightarrow u(o_1) = u(o_2) \tag{4.3}$$

b)   Sei $v : \mathbb{R} \to \mathbb{R}$ eine streng monoton wachsende, reelle Funktion. Dann ist auch die zusammengesetzte Abbildung

$$v \circ u : \mathfrak{O} \to \mathbb{R}$$
$$o \mapsto v[u(o)]$$

ein ordinaler Nutzenindex.

Satz 4.1. sagt also, daß ein ordinaler Nutzenindex in bezug auf die strikte Präferenz „$\prec$" streng monoton ist und daß er nur bis auf streng monotone reelle Transformationen bestimmt ist.

Beweis des Satzes 4.1. Vom Teil a) kann zunächst die Gültigkeit der Aussage (4.3) aus dem Folgerungsschema

$$\boxed{\begin{array}{c} o_1 \precsim o_2 \\ \text{und} \\ o_2 \precsim o_1 \end{array}} \quad \Leftrightarrow \quad \boxed{\begin{array}{c} u(o_1) \leqslant u(o_2) \\ \text{und} \\ u(o_2) \leqslant u(o_1) \end{array}}$$

$$\Downarrow \qquad\qquad\qquad \Downarrow$$

$$o_1 \sim o_2 \quad \Leftrightarrow \quad u(o_1) = u(o_2) \tag{4.4}$$

abgelesen werden. Weiter gilt nach Def. 4.1.:

$$o_1 \prec o_2 \quad \Rightarrow \quad u(o_1) \leqslant u(o_2) \tag{4.5}$$

Das Gleichheitszeichen rechts in (4.5) ist wegen (4.4) und der Unvereinbarkeit von $o_1 \sim o_2$ und $o_1 \prec o_2$ ausgeschlossen. Also gilt sogar

$$o_1 \prec o_2 \quad \Rightarrow \quad u(o_1) < u(o_2) \tag{4.6}$$

Nach Def. 4.1. gilt auch

$$u(o_1) < u(o_2) \Rightarrow o_1 \precsim o_2$$

Wegen (4.4) ist jedoch wiederum $o_1 \sim o_2$ nicht möglich, also gilt sogar

$$u(o_1) < u(o_2) \Rightarrow o_1 \prec o_2 \tag{4.7}$$

(4.6) und (4.7) zusammen ergeben gerade die Behauptung (4.2). Nach der Definition des ordinalen Nutzenindex ist die Behauptung des Teils b) gleichbedeutend mit

$$o_1 \precsim o_2 \quad \Leftrightarrow \quad \nu[u(o_1)] \leqslant \nu[u(o_2)] \tag{4.8}$$

Schon aus der bloßen Monotonie von v erhalten wir

$$u(o_1) \leqslant u(o_2) \Rightarrow \nu[u(o_1)] \leqslant \nu[u(o_2)]$$

was zusammen mit der Definition 4.1

$$o_1 \precsim o_2 \quad \Rightarrow \quad \nu[u(o_1)] \leqslant \nu[u(o_2)] \tag{4.9}$$

liefert. Nun ist aber $\nu[u(o_1)] \leqslant \nu[u(o_2)]$ mit $o_2 \prec o_1$ nicht vereinbar. Aus $o_2 \prec o_1$ folgt gemäß (4.2) nämlich $u(o_2) < u(o_1)$, woraus wegen der *strengen* Monotonie von v die Ungleichung $\nu[u(o_2)] < \nu[u(o_1)]$ folgen würde. Also gilt

$$v[u(o_1)] \leqslant v[u(o_2)] \Rightarrow o_1 \precsim o_2 \qquad (4.10)$$

(4.9) und (4.10) zusammen ergeben aber die geforderte Beziehung (4.8) ∎

Man beachte: Durch die bloße Definition 4.1. und Satz 4.1. ist die Existenz eines ordinalen Nutzenindex noch nicht erwiesen. Der Nachweis, daß es tatsächlich ordinale Nutzenindizes gibt, wird in den beiden folgenden Abschnitten durch eine Konstruktion geführt.

B. *Konstruktion einer monotonen Abbildung der Quotientenmenge*

Wir führen die angekündigte Konstruktion hier nicht für allgemeine, sondern nur für abzählbare Quotientenmengen $\mathfrak{O}/\sim$ durch. Hat man Mengen von der Mächtigkeit des Kontinuums vor sich, so ist die Konstruktion nur unter gewissen Zusatzvoraussetzungen[6] möglich. Man könnte sich auf den Standpunkt stellen, daß jeder Handelnde tatsächlich immer nur mit abzählbar vielen Objekten konfrontiert wird und es deshalb für jeden „praktischen" Zweck ausreiche, nur abzählbare Objektmengen zu betrachten. Dagegen ist zu bemerken, daß die *theoretischen* Konstruktionen der kardinalen Nutzentheorie, aber auch der statistischen Entscheidungstheorie überabzählbare Objektmengen $\mathfrak{O}$ verwenden. An diesen Stellen muß also explizit vorausgesetzt werden, daß die Konstruktion auch für die benötigten Objektmengen gelungen sei. Wir beschränkten uns jedoch auf die

Voraussetzung: Die Quotientenmenge $\mathfrak{O}/\sim$ sei abzählbar.

Dann gilt

Satz 4.2. Es gibt eine Abbildung $\bar{u}$ von $\mathfrak{O}/\sim$ in die Menge der reellen Zahlen

$$\bar{u} : \mathfrak{O}/\sim \rightarrow \mathbb{R}$$
$$a \longmapsto \bar{u}(a)$$

die bezüglich der Relation „$\prec'$" streng monoton ist.

Beweis. Die Menge Q der rationalen Zahlen ist abzählbar, und nach Voraussetzung ist auch die Menge $\mathfrak{O}/\sim$ abzählbar. Abzähl-

---

6 Siehe etwa Fishburn 1970, S. 26 ff. Es müssen dann abzählbare, in bezug auf „$\prec'$" dichte Untermengen in $\mathfrak{O}/\sim$ vorhanden sein.

barkeit einer Menge heißt bekanntlich, daß sich ihre Elemente in eine *Folge* ordnen lassen. Wir denken uns nun irgendwelche Abzählungen der Mengen $\mathfrak{D}/_\sim$ und Q gegeben:

$$a_1, a_2, a_3, \ldots, a_m, \ldots \qquad a_i \in \mathfrak{D}/_\sim \qquad (4.11)$$

$$r_1, r_2, r_3, \ldots, r_m, \ldots \qquad r_i \in Q \qquad (4.12)$$

Anmerkung: Keine der beiden Folgen $\{a_i\}$ und $\{r_i\}$ braucht zunächst etwas mit den Relationen „$\prec'$" und „$<$" zu tun zu haben.

Zunächst kann man für jedes endliche m den Abschnitt der ersten m Elemente von (4.11) gemäß der Relation „$\prec'$" ordnen:

$$a_{i_1} \prec' a_{i_2} \prec' \ldots \prec' a_{i_m}$$

Dabei ist $(i_1, i_2, \ldots, i_m)$ eine Permutation der Zahlen 1, 2, $\ldots$, m. Dies kann so geschehen: Hat man eine solche Ordnung für die ersten m−1 Elemente gebildet

$$a_{j_1} \prec' a_{j_2} \prec' \ldots \prec' a_{j_{m-1}}$$

so vergleicht man a_m zunächst mit a_{j_1}, dann mit a_{j_2}, .. solange, bis man einen der drei Fälle

$$a_m \prec' a_{j_1}$$
$$a_{j_{m-1}} \prec' a_m$$
$$a_{j_k} \prec' a_m \prec' a_{j_{k+1}} \qquad k = 1, \ldots, m-2$$

festgestellt hat.

Anmerkung: Auf diese Weise benötigt man zur Ordnung der ersten m Elemente *höchstens* $\frac{1}{2} m(m-1)$ Schritte. Ein ungelöstes Problem ist es, ein Verfahren anzugeben, das für allgemeines m die *minimale* Schrittzahl zur Ordnung von m Elementen garantiert.

Nun setzen wir $\bar{u}(a_1) = 0$. Die Werte $\bar{u}(a_m)$ werden nun durch vollständige Induktion ordnungstreu festgesetzt. Angenommen, für die ersten m−1 Elemente von (4.11) sei bereits eine strengmonotone Abbildung geleistet.

Ist $a_m \prec' a_{j_1}$ dann setzen wir $\bar{u}(a_m) = -m$

  $a_{j_{m-1}} \prec' a_m$ dann setzen wir $\bar{u}(a_m) = m$

  $a_{j_k} \prec' a_m \prec' a_{j_{k+1}}$ dann setzen wir $\bar{u}(a_m) = r_k$,
  $1 \leq k \leq m-2$

wobei r_k die erste Zahl aus der Reihe (4.12) ist, für welche gilt

$$\bar{u}(a_{j_k}) < r_k < \bar{u}(a_{j_{k+1}}). \qquad (4.13)$$

Nach Induktionsvoraussetzung ist $\bar{u}(a_{j_k}) < \bar{u}(a_{j_{k+1}})$; eine rationale Zahl r_k, welche (4.13) erfüllt, läßt sich immer finden, weil
die rationalen Zahlen *dicht* liegen, das heißt, zwischen zwei
rationale Zahlen läßt sich immer eine rationale Zahl dazwischen-
schieben. Führt man die Festsetzung von $\bar{u}(a_m)$ wie angegeben
durch, dann gilt offenbar:

$$\bar{u}(a_m) \neq \bar{u}(a_i) \qquad\qquad i < m$$

$$\text{für alle} \qquad\qquad (4.14)$$

$$a_i <' a_j \Leftrightarrow \bar{u}(a_i) < \bar{u}(a_j) \qquad\qquad i, j \leqslant m$$

Nach dem Prinzip der vollständigen Induktion kann man annehmen, daß (4.14) für alle Elemente von $\mathfrak{O}/\sim$ gilt, das heißt:
$\bar{u}$ ist eine streng monotone Abbildung von $\mathfrak{O}/\sim$ in Q und damit
wegen $Q \subset \mathbb{R}$ auch in $\mathbb{R}$ ∎

C. Konstruktion eines ordinalen Nutzenindex

Zunächst definieren wir eine Funktion $u : \mathfrak{O} \to \mathbb{R}$ in folgender
Weise:

$$u(o) = \bar{u}([o]_\sim) \qquad\qquad (4.15)$$

oder, was mit (4.15) gleichwertig ist:

$$u(o) = \bar{u}(a), \text{ wenn } o \in a \qquad\qquad (4.16)$$

Dann erhalten wir

Satz 4.3. Die Abbildung u, definiert gemäß (4.15) und
(4.16) ist ein ordinaler Nutzenindex auf $\mathfrak{O}$.

Beweis. a) Es sei $o_1 \precsim o_2$. Daraus folgt für die Äquivalenzklassen $[o_1]_\sim = [o_2]_\sim$ oder $[o_1]_\sim <' [o_2]_\sim$. In beiden Fällen gilt
die Aussage $\bar{u}([o_1]_\sim) \leqslant \bar{u}([o_2]_\sim)$ und somit nach (4.15) auch
$u(o_1) \leqslant u(o_2)$. Wir erhalten also zunächst

$$o_1 \precsim o_2 \Rightarrow u(o_1) \leqslant u(o_2) \qquad\qquad (4.17)$$

b) Es sei $u(o_1) \leqslant u(o_2)$; nach (4.15) bedeutet dies auch $\bar{u}([o_1]_\sim)$
$\leqslant \bar{u}([o_2]_\sim)$. Wir betrachten nun folgende Schlußketten

$$\bar{u}([o_1]_\sim) = \bar{u}([o_2]_\sim) \Rightarrow [o_1]_\sim = [o_2]_\sim \Rightarrow o_1 \sim o_2$$

$$\bar{u}([o_1]_\sim) < \bar{u}([o_2]_\sim) \Rightarrow [o_1]_\sim <' [o_2] \Rightarrow o_1 < o_2$$

die sich aus der strengen Monotonie von „$<$'"und den Definitionen 3.6 und 3.7. ergeben. Somit erhalten wir

$$u(o_1) \leqslant u(o_2) \Rightarrow o_1 \prec o_2 \tag{4.18}$$

(4.17) und (4.18) zusammen liefern schließlich die Behauptung des Satzes 4.3:

$$u(o_1) \leqslant u(o_2) \Leftrightarrow o_1 \precsim o_2 \quad \blacksquare$$

Die gesamte Konstruktion des ordinalen Nutzenindex läßt sich übersichtlich in folgendem Diagramm zusammenfassen:

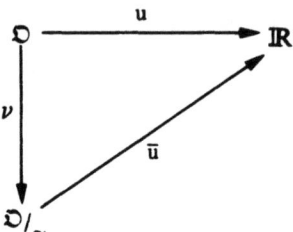

Zunächst wurde $\mathfrak{O}$ durch die natürliche Abbildung ν auf $\mathfrak{O}/_\sim$ abgebildet. Die fundamentale Konstruktion war die Abbildung $\bar{u} : \mathfrak{O}/_\sim \to \mathbb{R}$. Der ordinale Nutzenindex wurde dann durch die Zusammensetzung der beiden Abbildungen erhalten:

$$u = \bar{u} \circ \nu$$

§ 5. Klassifikationen von Ordnungsstrukturen und besonderen Elementen

A. Klassifikation von Ordnungsstrukturen[7]

Die in der Präferenztheorie vorkommenden Ordnungsstrukturen kann man klassifizieren, indem man die Gesichtspunkte schwache Ordnung – strikte Ordnung, nicht zusammenhängend – zusammenhängend betrachtet. Von diesem Gerüst ausgehend gelangt man zur Übersicht 2.

Jedem Kästchen in der Übersicht entspricht ein Ordnungstyp. Innerhalb der Kästchen werden eine Bezeichnung sowie die definierenden Eigenschaften der Ordnungsstruktur angegegeben. Pfeile zwischen den Kästchen sollen zeigen, wie Ordnungsstrukturen durch Hinzufügen von definierenden Eigenschaften auseinander hervorgehen. Neben diesen Übergängen

---

7 Zu diesen Überlegungen vergleiche man Menges (1969), S. 46 ff. sowie Faure und Heurgon (1971), S. 21.

gibt es noch Zusammenhänge durch „Strikt-machen" und Bildung von Quotientenstrukturen, die hier jedoch nicht verzeichnet sind. Schließlich wird ein Glossar angegeben, das Hinweise auf andere, in der Literatur vorkommende Bezeichnungen enthält.

ÜBERSICHT 2. Ordnungsstrukturen

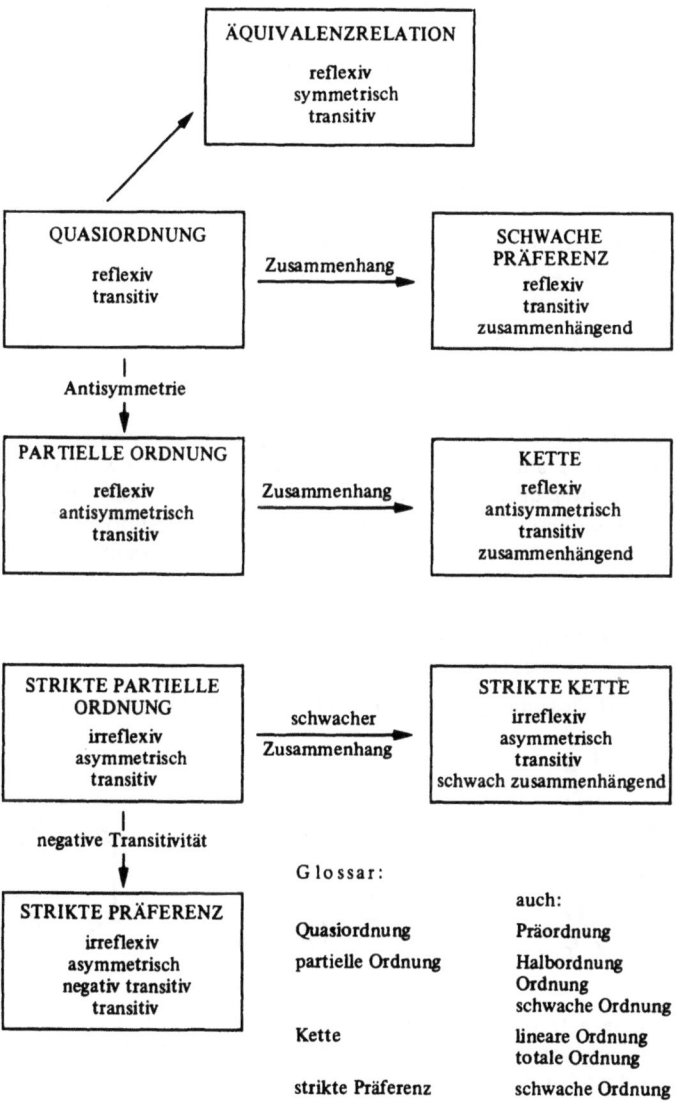

Glossar:

	auch:
Quasiordnung	Präordnung
partielle Ordnung	Halbordnung
	Ordnung
	schwache Ordnung
Kette	lineare Ordnung
	totale Ordnung
strikte Präferenz	schwache Ordnung

Eine wichtige Rolle spielen die *partiellen Ordnungen*.
Partielle Ordnungen und strikte partielle Ordnungen können
einander eindeutig zugeordnet werden.

Es sei „$\precsim$" eine partielle Ordnung
Dann wird durch

Es sei „$\prec$" eine strikte partielle Ordnung. Dann wird
durch

$a \precsim b$ und $a \neq b \Rightarrow a \prec b$

$a \prec b$ oder $a = b \Rightarrow a \precsim b$

eine strikte partielle Ordnung
definiert.

eine partielle Ordnung
definiert.

Partielle Ordnungen (und damit auch die zugehörigen strikten
partiellen Ordnungen) können durch ein *Hasse-Diagramm*
dargestellt werden, wenn die Grundmenge $\mathfrak{M}$ endlich ist. Man
geht dabei am besten von der strikten Ordnung aus und definiert zunächst die Nachbarrelation.

> *Definition 5.1.* Es sei „$\prec$" eine strikte partielle Ordnung
> auf $\mathfrak{M}$. Die Relation „oberer Nachbar" oder „$\prec_n$" ist gege-
> ben durch:
>
> $a \prec_n b \Leftrightarrow a \prec b$ und es gibt kein $x \in \mathfrak{M}$, sodaß
>
> $\qquad a \prec x \prec b.$

Der gerichtete Graph der Relation „$\prec_n$" könnte schon als
Hasse-Diagramm verwendet werden. Übersichtlicher wird die
Darstellung durch einen ungerichteten Graphen: Genau dann,
wenn b oberer Nachbar von a ist, werden die zugehörigen
Punkte durch eine Kante verbunden, wobei b oberhalb a in
der Zeichenebene angeordnet wird.

Beispiel 5.1. Hassediagramme.
a) Eine partielle Ordnung mit fünf Elementen.

partielle Ordnung   strikte partielle Ordnung   Hasse-Diagramm

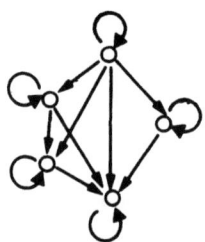 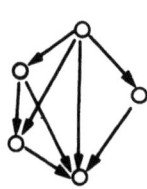 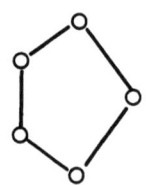

Man sieht deutlich, daß durch das Weglassen der „Transitivitätspfeile"
im Hassediagramm die Darstellung der Halbordnung wesentlich vereinfacht werden kann.

b) Hassediagramme von strikten Präferenzen.

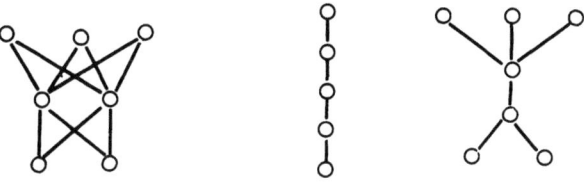

c) Darstellung aller partiellen Ordnungen mit drei Elementen.

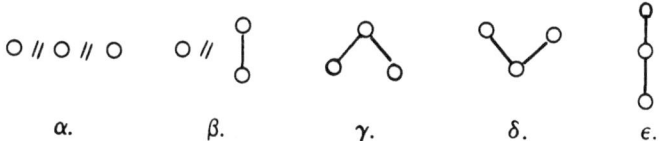

    α.   β.   γ.   δ.   ε.

Das Symbol „//" zeigt die Nichtvergleichbarkeit von Elementen an.

B. Besondere Elemente in partiellen Ordnungen

Sei $\mathcal{D}$ eine Menge von Objekten, $\mathcal{I} \subset \mathcal{D}$ eine Teilmenge. Die Menge $\mathcal{D}$ sei durch „$\lesssim$" partiell geordnet; „$\prec$" sei die zugehörige strikte Relation. Die folgende Liste von Definitionen soll zeigen, wie sich in partiellen Ordnungen der Begriff „Maximum" und „Minimum" aufspaltet.

Definition 5.2a.	**Definition 5.2b.**
Ein Element o $\in \mathcal{D}$ heißt *obere Schranke* von $\mathcal{I}$, wenn	Ein Element o $\in \mathcal{D}$ heißt untere Schranke von $\mathcal{I}$, wenn
x $\lesssim$ o für alle x $\in \mathcal{I}$.	o $\lesssim$ x für alle x $\in \mathcal{I}$
Definition 5.3a.	**Definition 5.3b.**
Ein Element a $\in \mathcal{I}$ heißt *maximales Element* von $\mathcal{I}$, wenn	Ein Element a $\in \mathcal{I}$ heißt *minimales Element* von $\mathcal{I}$, wenn
a $\prec$ x für kein x $\in \mathcal{I}$	x $\prec$ a für kein x $\in \mathcal{I}$
Definition 5.4a.	**Definition 5.4b.**
Ein Element a $\in \mathcal{I}$ heißt *größtes Element* von $\mathcal{I}$, falls es eine obere Schranke von $\mathcal{I}$ ist. Man schreibt:	Ein Element a $\in \mathcal{I}$ heißt *kleinstes Element* von $\mathcal{I}$, falls es eine untere Schranke von $\mathcal{I}$ ist. Man schreibt:

$$a = \max_{x \in \mathcal{I}} x \qquad\qquad a = \min_{x \in \mathcal{I}} x$$

Definition 5.5a.

Das kleinste Element in der
Menge der oberen Schranken
von $\mathfrak{T}$ heißt

Supremum von $\mathfrak{T}$.

Man schreibt hierfür sup $\mathfrak{T}$.

Definition 5.5b.

Das größte Element in der
Menge der unteren Schran-
ken von $\mathfrak{T}$ heißt

Infimum von $\mathfrak{T}$.

Man schreibt hierfür inf $\mathfrak{T}$

Beachte: Die Existenz von Elementen der hier definierten Art
ist durch die Definitionen natürlich nicht gesichert. In der
durch die Relationen „$\leqslant$" bzw. „$<$" geordneten Menge der
ganzen Zahlen existiert z. B. keines der angegebenen Elemente.

Es soll hier nicht weiter auf die Theorie der oben beschriebenen „extremen" Elemente eingegangen werden, jedoch seien
einige Tatsachen ohne Beweis kurz angeführt:

— eine Teilmenge $\mathfrak{T}$ einer partiell geordneten Menge heißt
  beschränkt, wenn $\mathfrak{T}$ eine obere und eine untere Schranke
  besitzt

— jede endliche Teilmenge einer partiell geordneten Menge
  besitzt mindestens ein maximales und ein minimales Element

— eine partiell geordnete Menge kann mehrere maximale und
  minimale Elemente besitzen, es gibt jedoch höchstens ein
  größtes (kleinstes) Element; dieses ist zugleich maximales
  (minimales) Element

— das größte Element der partiell geordneten Grundmenge $\mathfrak{D}$
  heißt auch *Einselement*, das kleinste Element *Nullelement*
  (falls diese Elemente existieren).

Beispiel 5.2.a) Grundmenge sei die Menge **R** der reellen Zahlen, geordnet
durch die Relation „$<$". Bezüglich dieser Relation bildet **R** eine Kette.
Die Teilmenge **R**+ der positiven reellen Zahlen besitzt kein maximales,
kein größtes, kein minimales und kein kleinstes Element. Die Zahl -1
ist eine untere Schranke, die Zahl 0 Infimum von **R**+.
b) Ordnet man die Menge aller Teilmengen von $\{a, b, c\}$ durch die
Mengeninklusion „$\subset$", so erhält man eine partielle Ordnung mit dem
Hassediagramm (Fig. 5.1). Sie hat das Einselement $\{a, b, c\}$, das Nullelement ϕ. Die echten
Teilmengen von
a, b, c bilden eben-
falls eine partiell ge-
ordnete Menge mit
drei maximalen
Elementen und dem
kleinsten Element ϕ.

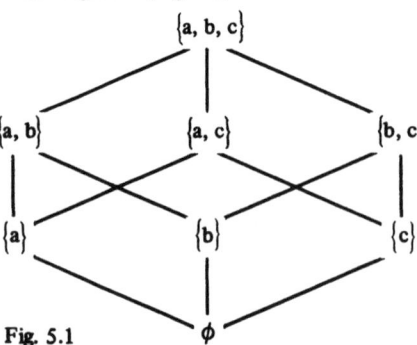

Fig. 5.1

§ 6. Kardinale Nutzentheorie. Das Bernoulli-Prinzip

A. *Einfache Wahrscheinlichkeitsmaße*

> *Definition 6.1.* Ein *einfaches Wahrscheinlichkeitsmaß* P auf
> der Objektmenge $\mathfrak{O}$ ist eine reellwertige Funktion, die auf
> allen Untermengen von $\mathfrak{O}$ definiert ist und folgende Eigen-
> schaften besitzt:
>
> a) $P(A) \geqslant 0$
>
> b) $P(\mathfrak{O}) = 1$
>
> c) $P(A \cup B) = P(A) + P(B)$, wenn $AB = \phi$
>
> d) Es gibt eine *endliche Menge* $H \subset \mathfrak{O}$, sodaß $P(H) = 1$ ist.

Will man zu einer Nutzenfunktion auf der Menge $\mathfrak{O}$ kommen,
die, über den ordinalen Nutzenindex hinausgehend, das leistet,
was in der statistischen Entscheidungstheorie benötigt wird, so
muß man zu einer Menge neuer Objekte übergehen:

$\mathfrak{W}$. . . Menge der einfachen Wahrscheinlichkeitsmaße auf $\mathfrak{O}$.

Einfache Wahrscheinlichkeitsmaße auf $\mathfrak{O}$ benötigt man in der
Entscheidungstheorie auch dann, wenn man gemischte (randomisierte) Aktionen betrachtet (siehe § 10).

Sei $H = \{o_1, o_2, \ldots, o_h\}$ die zum Wahrscheinlichkeitsmaß
P gemäß Def. 6.1 gehörige endliche Menge. Dann können wir
für das Element $P \in \mathfrak{W}$ schreiben:

$$P = \begin{bmatrix} o_1 & o_2 \ldots o_h \\ p_1 & p_2 \ldots p_h \end{bmatrix} \quad \text{mit} \quad \sum_{i=1}^{h} p_i = 1 \qquad (6.1)$$

P kann als *Lotterie* gedeutet werden, die

o_1 mit Wahrscheinlichkeit p_1

o_2 mit Wahrscheinlichkeit p_2

. . .

o_h mit Wahrscheinlichkeit p_h

liefert.

Einfache Wahrscheinlichkeitsmaße können durch konvexe
Linearkombinationen verknüpft werden:

> *Definition 6.2.* Es seien $\alpha_1, \alpha_2, \ldots, \alpha_k$ reelle Zahlen mit
>
> $$\sum_{i=1}^{k} \alpha_i = 1 \qquad \alpha_i \geqslant 0 \qquad i = 1, \ldots, k.$$

und $P_1, P_2, \ldots, P_k$ einfache Wahrscheinlichkeitsmaße. Dann sei

$$P = \alpha_1 P_1 + \alpha_2 P_2 + \ldots + \alpha_k P_k \qquad (6.2)$$

das Wahrscheinlichkeitsmaß, das einer Teilmenge $A \subset \mathfrak{O}$ die Wahrscheinlichkeit

$$P(A) = \alpha_1 P_1(A) + \alpha_2 P_2(A) + \ldots + \alpha_k P_k(A) \qquad (6.3)$$

zuordnet.

Man überzeugt sich leicht davon, daß ein nach Definition 6.2. gebildetes Wahrscheinlichkeitsmaß ebenfalls ein einfaches Wahrscheinlichkeitsmaß auf $\mathfrak{O}$ ist, das heißt, durch (6.2) und (6.3) wird tatsächlich eine Verknüpfung in der Menge der einfachen Wahrscheinlichkeitsmaße $\mathfrak{W}$ definiert.

Eine Interpretation der Linearkombination (6.3) bietet der Begriff der *zusammengesetzten Lotterie:* $P(A)$ bedeutet nun, daß die Lotterie P_1 mit Wahrscheinlichkeit $\alpha_1, \ldots$, die Lotterie P_k mit Wahrscheinlichkeit α_k geliefert wird. Wesentliche Voraussetzung der hier gegebenen Definition einer zusammengesetzten Lotterie ist, daß in dem nun betrachteten zusammengesetzten Zufallsexperiment die Wahrscheinlichkeitsmaße $P_1, \ldots, P_k$ und der Mechanismus, welcher die Wahrscheinlichkeiten $\alpha_1, \alpha_2, \ldots, \alpha_k$ liefert, voneinander unabhängig sind.

Nun kann auch die Einbettung der Menge $\mathfrak{O}$ in die Menge $\mathfrak{W}$ formal einwandfrei vollzogen werden. Die Maße

$$o_i = \begin{bmatrix} o_i \\ 1 \end{bmatrix}, \qquad o_i \in \mathfrak{O} \qquad (6.4)$$

gehören zu $\mathfrak{W}$. Nach Definition 6.2. können wir die Lotterie (6.1) auch so schreiben:

$$P = p_1 o_1 + p_2 o_2 + \ldots + p_h o_h$$

Durch die Zuordnung (6.4) erkennt man, daß die Menge

$$\mathfrak{O}^* = \left\{ o_i = \begin{bmatrix} o_i \\ 1 \end{bmatrix} \mid o_i \in \mathfrak{O} \right\} \qquad (6.5)$$

äquivalent der Menge $\mathfrak{O}$ ist. Bis auf diese Äquivalenz ist also $\mathfrak{O}$ in die Menge $\mathfrak{W}$ einbettbar:

$$\mathfrak{O} \cong \mathfrak{O}^*$$
$$\downarrow$$
$$\mathfrak{W}$$

B. Nutzenfunktionen

Unter gewissen Voraussetzungen kann man auf $\mathfrak{W}$ (und damit auch auf $\mathfrak{O}$) eine Nutzenfunktion

$$u : \mathfrak{W} \longrightarrow \mathbb{R}$$
$$P \longmapsto u(P)$$

konstruieren, die wesentlich stärkere Forderungen erfüllt als der in § 4 gewonnene ordinale Nutzenindex. Diese Voraussetzungen fassen wir zusammen im

---

Axiomensystem von
v. Neumann − Morgenstern[8]

N1. Auf der Menge der Lotterien $\mathfrak{W}$ existiert eine schwache Präferenzrelation „$\precsim$". Es sei „$\prec$" die zur Relation „$\precsim$" gehörige strikte Präferenz.

N2. Es seien P, Q, R Lotterien und $0 < \alpha \leq 1$. Dann gilt

$$P < Q \Rightarrow \alpha P + (1 - \alpha) R < \alpha Q + (1 - \alpha) R$$

N3. P, Q, R seien Lotterien und $P \prec Q \prec R$. Dann gibt es Zahlen α, β mit $0 < \alpha < 1$ und $0 < \beta < 1$, so daß gilt:

$$\alpha P + (1 - \alpha) R < Q < \beta P + (1 - \beta) R.$$

Kommentar zum Axiomensystem von Neumann−Morgenstern. Bei der Diskussion der Axiome ist zu beachten, daß sie eine Erklärung (genauer: eine Explikation) des Begriffes „rationales Verhalten" geben sollen. Sie zielen also auf eine *normative Theorie*; diese fragt nicht, wie sich Personen tatsächlich verhalten, sondern nach den Regeln des *vernünftigen Verhaltens*. Dies schließt aber nicht aus, daß bei der Diskussion solcher Regeln Argumente aus dem tatsächlichen Verhalten von Personen gewonnen werden können.

Zu N1. Wir hatten einen Objektbereich $\mathfrak{W}$ von Lotterien angenommen, auf dem die Präferenzrelation „$\precsim$" gegeben sei. Weiter wurde vorausgesetzt, daß in $\mathfrak{W}$ eine Verknüpfung gemäß Def. 6.2. gegeben sei. Das bedingt unter anderem auch, daß Lotterien unabhängig von ihrem Zustandekommen beurteilt werden. Allein maßgeblich ist die endgültige Wahrscheinlichkeitsverteilung in der Form (6.1) und es ist für die Bewertung gleichgültig, ob es sich um „einfache" oder „zusammengesetzte" Lotterien handelt.

Man muß sich auch klarmachen, daß sich schon aus der Existenz einer Präferenzrelation „$\precsim$" auf $\mathfrak{W}$ weitreichende Folgerungen ergeben,

---

8 Literaturhinweise hierzu siehe im Anhang, Abschnitt A3.

denen man nicht ohne weiteres zustimmen wird. Betrachten wir etwa die drei Lotterien

$$P = \begin{bmatrix} 200 \\ 1 \end{bmatrix} \quad Q = \begin{bmatrix} 205 \\ 1 \end{bmatrix} \quad R = \begin{bmatrix} 0 & 1000 \\ 0,5 & 0,5 \end{bmatrix}$$

wobei die Objekte des Grundbereichs $\mathfrak{O}$ Geldbeträge seien. Im allgemeinen wird man die Beziehung $P \prec Q$ feststellen und es ist möglich, daß eine Person auf Befragen sowohl $P \sim R$, aber auch $Q \sim R$ kundgibt; aus dem Axiomensystem für „$\precsim$" folgt aber die Transitivität der Relation „$\sim$" (Satz 3.1), somit $P \sim Q$. Dies stünde im Widerspruch zu $P \prec Q$. Eine Person, der man nach ihrer Kundgabe von $P \prec Q$, $P \sim R$, $Q \sim R$ diese Überlegungen vorhält, kann in zweifacher Weise reagieren:
— sie kann die Gültigkeit der Axiome P1, P2 für den Bereich $\mathfrak{W}$ ablehnen
— sie kann ihre Meinung bezüglich (mindestens) einer der drei Aussagen revidieren und sagen: „Pardon, ich hatte mich geirrt".
Normative Theorien lassen immer die Möglichkeit zu, daß faktisches Handeln bzw. Urteilen nachträglich als irrtumsbehaftet angesehen wird.

Zu N2. Dieses Axiom wird als das Kernstück des Axiomensystems angesehen und wurde vielfachen kritischen Einwänden ausgesetzt. (Siehe hierzu auch Beispiel 6.1). Die Vernünftigkeit von N2 wird oft durch das folgende Schema deutlich zu machen versucht:

	α	$1-\alpha$	
Option A	P	R	$\Rightarrow \alpha P + (1-\alpha)R$
Option B	Q	R	$\Rightarrow \alpha Q + (1-\alpha)R$

Wenn $P \prec Q$, soll demnach Option B der Option A vorgezogen werden. Die Verwandtschaft mit dem Dominanzprinzip der Entscheidungstheorie (siehe § 9) wird hergestellt, indem man den Zufallsmechanismus, welche den Wahrscheinlichkeitsvektor (α, $1-\alpha$) erzeugt, nun doch *isoliert* betrachtet und zwei „Zustände" einführt

$\theta_1 \ldots$ der Mechanismus produziert das Ereignis, dessen Wahrscheinlichkeit α beträgt

$\theta_2 \ldots$ der Mechanismus produziert das Ereignis, dessen Wahrscheinlichkeit $1-\alpha$ beträgt

Faßt man beide Möglichkeiten ins Auge, so kann man bei der Wahl von Option B in keinem Fall schlechter fahren als bei der Wahl von Option A.

Zu N3. Im Objektbereich $\mathfrak{O}$ seien unter anderem die Ergebnisse

    P ... Tod
    Q ... man bekommt 10 ö.S.
    R ... man bekommt 20 ö.S.

Im allgemeinen wird man zugeben, daß $P \prec Q \prec R$ zutrifft. Nach N3 müßte es ein $\beta > 0$ geben, sodaß

    $Q \prec \beta P + (1-\beta)R$

zutrifft, was praktisch bedeutet, daß man für eine Vergrößerung des in Aussicht gestellten Geldbetrags ein — wenn auch kleines — Todesrisiko in Kauf nimmt. Auf den ersten Blick erscheint dies unvernünftig. Hier kann man sich aber auf das *tatsächliche Verhalten im Alltag* berufen: Die Wahrscheinlichkeit, beim Gang um die Morgenzeitung von einem Meteoriten getroffen und getötet zu werden, ist zwar außergewöhnlich gering, eine astronomisch informierte Person wird aber zugeben müssen, daß sie nicht Null ist. Dennoch begeben sich auch Astronomen sehr häufig ins Freie und gehen somit ein abschätzbares Todesrisiko ein (anders Karl Valentin, der in einem Bergwerk wohnen möchte, um dem Meteoritentod zu entgehen).

Im nächsten Schritt soll nun präzisiert werden, welches Ziel man durch die Einführung des Axiomensystems von v. Neumann–Morgenstern ansteuert:

————— Erwartungsnutzen —————

Definition 6.3. Eine Funktion $u : \mathfrak{W} \to \mathbb{R}$ heißt *Erwartungsnutzen*, wenn sie folgende Eigenschaften erfüllt:

a) *Ordnungstreue (Monotonie):*

$$P \precsim Q \quad \Leftrightarrow \quad u(P) \leqslant u(Q)$$

b) *Linearität*

$$u(\alpha_1 P_1 + \alpha_2 P_2 + \ldots + \alpha_k P_k) = \alpha_1 u(P_1) + \alpha_2 u(P_2) +$$

$$\ldots + \alpha_k u(P_k)$$

c) *Eindeutigkeit bis auf positiv-lineare Transformationen*
Seien u, v zwei Funktionen, welche a) und b) erfüllen.
Dann gilt:

$$u(P) = a\,v(P) + b \quad \text{mit} \quad a > 0$$

Kommentar zur Definition des Erwartungsnutzens: Der Name „Erwartungsnutzen" knüpft an die Linearitätseigenschaft b) an. Allerdings wird im Zusammenhang mit diesem Namen meist eine besonders strukturierte Objektmenge $\mathfrak{O}$ benutzt (siehe hierzu Abschnitt C).
Der ordinale Nutzenindex war nur bis auf streng monotone Funktionen bestimmt, die Eindeutigkeit bis auf positiv-lineare Transformationen ist die Eigenschaft einer *Intervallskala*[9]. Nutzentheorie auf Intervallskalen nennen wir auch *kardinale Nutzentheorie.*

Nun sind wir in der Lage, zusammenfassend zu formulieren:

Satz 6.1. Hauptsatz der kardinalen Nutzentheorie
Auf einer Menge von Lotterien $\mathfrak{W}$, welche
a) Die v. Neumann-Morgensternschen Axiome N1 bis N3
   erfüllt
b) in der es mindestens ein Elementpaar P, Q mit $P \prec Q$
   gibt,
existiert ein Erwartungsnutzen.

---

9 Siehe hierzu etwa Pfanzagl (1968), S. 27 f.

Der nicht schwierige, aber bei genauer Durchführung etwas
ausgedehnte Beweis dieses Satzes wird im Anhang A3 im
Detail vorgeführt. Wir begnügen uns hier mit einer
Beweisskizze. Man wählt zwei Elemente P, Q mit P $\prec$ Q, die
nach Voraussetzung b) existieren, als Fixpunkte der Nutzen-
messung und setzt

$$u(P) = 0 \qquad u(Q) = 1$$

Aus den Axiomen kann man folgern, daß es für ein R mit
P $\prec$ R $\prec$ Q ein eindeutig bestimmtes λ mit 0 $<$ λ $<$ 1 gibt,
so daß

$$R \sim \lambda P + (1 - \lambda) Q$$

gilt. Dann setzt man $u(R) = \lambda$. Man nennt R das Sicherheitsäquivalent von $\lambda P + (1 - \lambda) Q$. Durch eine ähnliche Konstruktion kann man die Nutzenwerte für Elemente S_1, S_2 mit

$$S_1 \prec P \quad \text{und} \quad Q \prec S_2$$

bestimmen. Es zeigt sich dann, daß die so konstruierte Abbildung die Forderung der Linearität erfüllt und, sofern die
Linearität gewährleistet sein soll, bis auf lineare Transformationen bestimmt ist. Die Ordnungstreue impliziert schließlich
Eindeutigkeit bis auf positiv-lineare Transformationen. ∎

C. Das Bernoulliprinzip[10]

Spricht man vom Bernoulliprinzip, so wird der Begriff „Nutzenfunktion" *meist in einem spezielleren* Sinn verwendet als dies
im Abschnitt B geschah. Man faßt dann $\mathfrak{O}$ als eine Menge von
möglichen Quantitäten eines homogenen Gutes, etwa Geld, auf.
Meist wird $\mathfrak{W}$ als eine Menge von Geld-Lotterien aufgefaßt.
   Mittels des in (6.4) und (6.5) dargestellten Einbettungsprin-
zips kann man nun auch auf $\mathfrak{O}$ eine kardinale Nutzenfunktion
konstruieren. Da Geldmengen durch reelle Zahlen dargestellt
werden können, erhalten wir durch die Einschränkung von u
auf $\mathfrak{O}$ eine reelle Funktion

$$u_0 : \mathbb{R} \to \mathbb{R} \qquad\qquad (6.6)$$

$$x \longmapsto u_0(x)$$

die dann ebenfalls als „Nutzenfunktion" bezeichnet wird. Auf-
grund der Einbettung erhalten wir nämlich

10 Eine geschlossene und ausführliche Darstellung des Bernoulli-
   prinzips findet man in Schneeweiß (1967).

$$u_0(x) = u\left(\begin{bmatrix} x \\ 1 \end{bmatrix}\right) \tag{6.7}$$

mit

$x \in \mathfrak{O}$ (x sind Geldmengen, also reelle Zahlen) $\quad \begin{bmatrix} x \\ 1 \end{bmatrix} \in \mathfrak{W}$ ($\begin{bmatrix} x \\ 1 \end{bmatrix}$ sind triviale

Geldlotterien, also

$$\begin{bmatrix} x \\ 1 \end{bmatrix} \in \mathfrak{W})$$

Meist verwendet man die einfachere, aber nicht ganz korrekte Schreibweise

$$u\left(\begin{bmatrix} x \\ 1 \end{bmatrix}\right) \equiv_{def} u(x) \tag{6.8}$$

und haben dann

$$u_0(x) = u(x) \tag{6.9}$$

Die Nutzenfunktion $u(x)$ kann nun auch graphisch dargestellt werden:

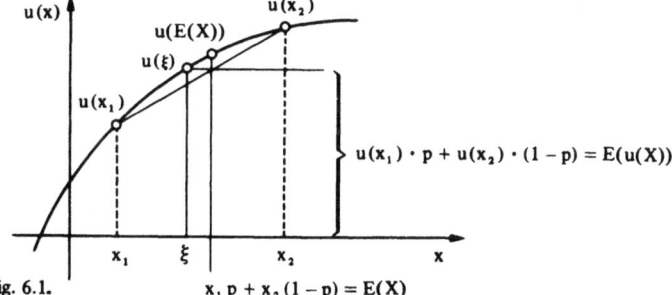

Fig. 6.1. $x_1 p + x_2 (1 - p) = E(X)$

Anmerkung 6.1. Die „Nutzenfunktion" $u : \mathbb{R} \to \mathbb{R}$ auf $\mathfrak{O}$ braucht natürlich *nicht* linear zu sein.

In Fig. 6.1 betrachten wir nun eine Zweipunktverteilung P auf $\mathfrak{O}$:

$$P = \begin{bmatrix} x_1 & x_2 \\ p & 1-p \end{bmatrix}$$

Man kann nun *zwei* Zufallsgrößen ins Auge fassen (i = 1, 2; $p_1 = p, p_2 = 1 - p$);

X . . . der Geldbetrag x_i wird mit Wahrscheinlichkeit p_i erhalten

u(X) . . . der Nutzen $u(x_i)$ wird mit Wahrscheinlichkeit p_i erhalten.

und dementsprechend auch die beiden Erwartungswerte

$$E(X) = x_1 p + x_2 (1 - p) \quad E(u(X)) = u(x_1) \cdot p + u(x_2)(1-p)$$

Der Hauptsatz 6.1 sagt nun, daß

$$u(P) = E(u(X)) \qquad\qquad (6.10)$$

Anmerkung 6.2. Im allgemeinen ist jedoch $u(E(X)) \neq E(u(X))$. Das Gleichheitszeichen gälte nur, wenn die Funktion $u(x)$ als reelle Funktion selbst linear wäre, was jedoch meist nicht der Fall ist. Näherungsweise gilt dies dann, wenn sich x_1, x_2 „genügend wenig" voneinander unterscheiden.

Man kann jedoch versuchen, einen Betrag ξ zu finden, sodaß

$$u(\xi) = u(P) = E(u(X)) = u(x_1)p + u(x_2)(1 - p)$$

Den Betrag ξ nennt man das *Sicherheitsäquivalent der Verteilung P.* Üblicherweise wird auf zwei spezielle Phänomene besonderes Augenmerk gelegt:

$$u(x) \text{ konkav} \Rightarrow \xi < E(X) \quad : \quad \textit{Risikoaversion}$$
$$u(x) \text{ konvex} \Rightarrow \xi > E(X) \quad : \quad \textit{Risikoneigung}$$

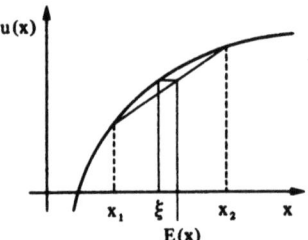 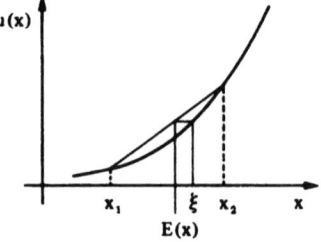

Fig. 6.2.   Risikoaversion   Risikoneigung

Die theoretischen Entwicklungen um das Bernoulliprinzip befassen sich nicht nur mit Zweipunkt-, sondern mit allgemeinen Verteilungen Φ. Die Frage nach dem Sicherheitsäquivalent heißt dann: „Welchen sicheren Geldbetrag ξ sieht man einer Verteilung Φ mit der Verteilungsfunktion $F(x)$ als gleichwertig an?".

Die Bewertung einer Verteilung kann nach dem Hauptsatz 6.1 durch

$$u(\Phi) = E(u(X)) = \int_{-\infty}^{+\infty} u(x)\, dF(x) \qquad (6.11)$$

geschehen. Allerdings reicht die in diesem Paragraphen skizzierte, auf einfachen Verteilungen basierende Theorie nicht aus, um (6.11) für beliebige, insbesondere auch stetige Verteilungen zu bekommen. Eine Einführung in die allgemeine Theorie des Erwartungsnutzens findet man in *F i s h b u r n* (1970), Kapitel 10.

Beispiel 6.1. Aufdecken von Präferenzen. Es mögen Geldlotterien betrachtet werden. Einer Person werden die beiden Lotterien

$$R = \begin{bmatrix} 10 & 600 & 1000 \\ 0,02 & 0,32 & 0,66 \end{bmatrix}$$

$$S = \begin{bmatrix} 500 & 600 & 1000 \\ 0,10 & 0,42 & 0,48 \end{bmatrix}$$

vorgelegt. Angenommen, sie vermag zunächst nicht zu entscheiden, ob Lotterie R der Lotterie S vorzuziehen sei oder nicht. Man kann jedoch versuchen, eine „Entscheidungshilfe" zu geben, indem man folgende Fragen stellt:

a) Anerkennen Sie die Axiome N1 bis N3 für Geldlotterien?
b) Können Sie zwischen den beiden Lotterien

$$P = \begin{bmatrix} 10 & 1000 \\ 0,10 & 0,90 \end{bmatrix} \qquad Q = \begin{bmatrix} 500 & 600 \\ 0,50 & 0,50 \end{bmatrix}$$

eine Entscheidung treffen?

Bejaht die Versuchsperson beide Fragen, so kann man folgende Vorgangsweise einschlagen: Man führt eine weitere Lotterie

$$T = \begin{bmatrix} 600 & 1000 \\ 0,40 & 0,60 \end{bmatrix}$$

ein und stellt gemäß Definition 6.2. die Lotterien R, S als zusammengesetzte Lotterie dar:

R = 0,2 P + 0,8 T

S = 0,2 Q + 0,8 T

Durch Einsetzen in das Axiomenschema N2 erhält man sodann:

wenn P $\prec$ Q, dann R $\prec$ S
wenn P $\succ$ Q, dann R $\succ$ S

Dieses Beispiel lehrt, wie eine „rationale" Person mit Hilfe einfacher Vergleiche zum Vergleich komplizierterer Lotterien gelangen kann. Diese Idee liegt auch dem Beweis des Hauptsatzes 6.1. zugrunde. In dieser Sicht kann eine kardinale Nutzenfunktion als konsequenteste Systematisierung einer „Entscheidungshilfe" auf dem Gebiet der Lotterien gedeutet werden.

Beispiel 6.2. Aufdecken von Inkonsistenzen. Wir betrachten zwei
Paare von Geldlotterien:

$$P = \begin{bmatrix} 0 & 5 & 25 \\ 0{,}01 & 0{,}90 & 0{,}09 \end{bmatrix} \qquad R = \begin{bmatrix} 0 & 25 \\ 0{,}91 & 0{,}09 \end{bmatrix}$$

und

$$Q = \begin{bmatrix} 5 \\ 1 \end{bmatrix} \qquad\qquad S = \begin{bmatrix} 0 & 5 \\ 0{,}90 & 0{,}10 \end{bmatrix}$$

Es mögen dabei „große" Geldeinheiten angenommen werden, etwa
1 Million Schilling; dann würde also S bedeuten: Besitz von 5 Millionen
Schilling mit Wahrscheinlichkeit 0,10, nichts mit Wahrscheinlichkeit
0,90. Legt man diese Lotteriepaare Personen zwecks Reihung vor, so
findet man häufig folgendes Paar von Aussagen:

$$P \prec Q \quad \text{und} \quad S \prec R \tag{6.12}$$

Die erste Präferenz des Paares (6.12) drückt offenbar eine vorsichtige
Verhaltensweise aus, bei der man sichere 5 Millionen einer Lotterie
vorzieht, die zwar einerseits ein sehr hohes Ergebnis (25 Millionen) in
Aussicht stellt, andererseits aber auch mit einem kleinen Verlustrisiko
behaftet ist. Die zweite Präferenz in (6.12) schätzt offensichtlich den
Unterschied der Verlustwahrscheinlichkeiten als nicht so bedeutend
ein als den Unterschied der in Aussicht stehenden Beträge.
    Man kann sich nun leicht davon überzeugen, daß es keine wie auch
immer gestaltete Nutzenfunktion u(x) gibt, die das in (6.12) gegebene
Verhalten erklären kann. Gäbe es eine solche Funktion, so hätte man
zunächst

u(P) = 0,01 u(0) + 0,90 u(5) + 0,09 u(25)   u(R) = 0,91 u(0) + 0,09 u(25)

und

u(Q) =   u(5)   u(S) = 0,90 u(0) + 0,10 u(5)

Wegen P $\prec$ Q müßte sein   Wegen S $\prec$ R müßte sein

   u(P) < u(Q)   u(S) < u(R)

oder   oder

0,01 u(0) + 0,90 u(5) + 0,09 u(25) < u(5)   0,90 u(0) + 0,10 u(5) <
              < 0,91 u(0) + 0,09 u(25)

   0,01 u(0) + 0,09 u(25) < 0,10 u(5)   0,10 u(5) < 0,01 u(0) +
              + 0,09 u(25)

$$\nwarrow \quad \nearrow$$
Wid!

Die Annahme der Existenz eines kardinalen Erwartungsnutzens führt
also auf einen Widerspruch, wenn man (6.12) beibehält.
    Wo liegt der „Fehler" von (6.12), d.h. gegen welches Axiom verstößt
diese Verhaltensweise? Es stellt sich heraus, daß wieder N2 die Haupt-
rolle spielt, damit wird dieses Axiom zum „Kernstück der kardinalen

Nutzentheorie". Dies kann man in folgender Weise zeigen. Es werden die beiden Lotterien

$$T = \begin{bmatrix} 0 & 25 \\ 0,10 & 0,90 \end{bmatrix} \qquad V = \begin{bmatrix} 0 \\ 1 \end{bmatrix}$$

in den Kreis der Betrachtung eingeführt. Nun kann man P, Q, R und S als zusammengesetzte Lotterien darstellen:

$$
\begin{array}{ll}
P = 0,10\ T + 0,90\ Q & \\
Q = 0,10\ Q + 0,90\ Q &
\end{array} \quad (6.13)
\qquad
\begin{array}{ll}
R = 0,10\ T + 0,90\ V & \\
S = 0,10\ Q + 0,90\ V &
\end{array} \quad (6.14)
$$

Nach Axiom N2 gilt dann die Folgerungskette

$$
\begin{array}{ll}
P \prec Q \;\Rightarrow\; T \prec Q & \text{folgt aus (6.13) und der Umkehrung von N2} \\
T \prec Q \;\Rightarrow\; R \prec S & \text{wegen (6.14) und direkter Anwendung von N2}
\end{array}
$$

Die Beachtung von N2 liefert aus $P \prec Q$ die Folgerung $R \prec S$ im Widerspruch zu (6.12)

Wie hat man den nicht selten feststellbaren empirischen Befund des Aussagenpaares (6.12) zu beurteilen? Ein sehr ähnliches Beispiel wurde von *A l l a i s* neben anderen auch *L . S a v a g e* vorgelegt, der seine Präferenzen ebenfalls in der Form (6.12) äußerte. Auf die Inkompatibilität dieser Wahl mit den Axiomen des Erwartungsnutzens hingewiesen, erwiderte *S a v a g e* , er habe sich geirrt. Dieser Versuch und die Antwort *S a v a g e s* zeigen deutlich die Rolle einer normativen Theorie des rationalen Verhaltens. In unübersichtlichen Entscheidungssituationen ist es durchaus möglich, daß tatsächliches Verhalten mit gewissen Postulaten des rationalen Handelns im Widerspruch steht. Im allgemeinen wird man dies aber nicht zum Anlaß nehmen, die Verhaltenspostulate aufzugeben, sondern den Begriff „Irrtum" einführen. In der Logik ist die Situation durchaus analog. Auch in mäßig komplizierten Situationen kann man im täglichen Leben immer wieder Abweichungen von den Gesetzen der Logik finden. Es würde jedoch niemand einfallen, solche empirische Befunde zum Anlaß zu nehmen, die betreffenden Gesetze der Logik ohne weiteres aufzugeben; vielmehr erfolgt die Aufforderung, man möge seine Gedanken noch einmal überprüfen, um den logischen Irrtum ausfindig zu machen.

In der einschlägigen Literatur wurde dieses Beispiel ausführlich besprochen. Siehe insbesondere *S c h n e e w e i ß* (1967), S. 79 f. und *F i s h b u r n* (1970), S. 109. Bei ersterem findet man an der angegebenen Stelle weitere Hinweise, vor allem auf die Originalarbeiten von *A l l a i s , S a v a g e* und *M a r k o w i t z* zu diesem Thema.

II. Hauptteil: Grundlagen der Entscheidungstheorie: Das no-data-Problem

§ 7. Das no-data-Problem. Auswahlregeln

Die in § 2 gegebenen Begriffe, welche das allgemeine Entscheidungsproblem umreißen, seien hier noch einmal kurz angeführt. Hinzugefügt wird die Annahme, daß auf der Menge der Ergebnisse eine kardinale Nutzenfunktion gegeben sei. In der statistischen Entscheidungstheorie spricht man dann auch von einem *no-data-Entscheidungsproblem*.

Das no-data-Entscheidungsproblem ist gegeben durch
— die Menge $\mathfrak{A}$ der Aktionen
— die Menge Θ der Zustände
— die Menge $\mathfrak{O} = \mathfrak{A} \times \Theta$ der Ergebnisse. Auf der Menge $\mathfrak{O}$ existiere eine schwache Präferenzrelation
— eine Abbildung

$$l : \mathfrak{A} \times \Theta \longrightarrow \mathbb{R}$$
$$(a_i, \theta_j) \longmapsto l(a_i, \theta_j)$$

Die Funktion l nennen wir *Verlustfunktion*, die Matrix der Werte $l(a_i, \theta_j) = l_{ij}$ eine *Verlusttafel*. Eine Verlusttafel wird in folgender Weise gewonnen. Zunächst wird auf der Menge $\mathfrak{O}$ eine Nutzenfunktion u konstruiert, welche die Präferenzrelation auf $\mathfrak{O}$ monoton in die Menge der reellen Zahlen abbildet (siehe Definition 6.3). Die Funktion l ist dann gegeben durch

$$l(a_i, \theta_j) = - u(a_i, \theta_j) \tag{7.1}$$

Anmerkung 7.1. Der Name „no-data-Problem" kann an dieser Stelle zu dem Irrtum verleiten, es handle sich bei der hier besprochenen Struktur um den Spezialfall eines allgemeineren Problems. Tatsächlich handelt es sich hier jedoch um die allgemeine Struktur des Entscheidungsproblems selbst. Der Name „no-data-Problem" wird erst im Lichte der statistischen Entscheidungstheorie und im Zusammenhang mit dem dort konstruierten Begriff der Entscheidungsfunktion verständlich, welche die Verarbeitung von „statistischen" Informationen explizit in das Entscheidungsproblem einführt. Der Ausdruck „no-data-Problem" ist dann nicht so zu verstehen, als ob hier keine Daten berücksichtigt würden, sondern man meint, daß hier die Datengewinnung und die damit verbundenen speziellen Strukturen nicht eigens betrachtet werden. Alle im Hauptteil II gewonnenen Begriffe sind allgemein verwendbar.

Im folgenden werden nun sechs *Auswahlregeln* betrachtet. Auswahlregeln sollen in der Menge der Aktionen $\mathfrak{A}$ eine „beste" auswählen, das heißt in der Sprache der Verlusttafel, eine Aktion, die *möglichst kleine Verluste* liefert.

Im Lichte der Theorie der Ordnungsrelationen können die nachstehenden Auswahlregeln in zweifacher Weise interpretiert und formuliert werden:

— sie definieren in der Menge $\mathfrak{A}$ eine Ordnungsrelation, die den Axiomen P1 und P2 genügt, also eine schwache Präferenzrelation

— sie gestatten, ein kleinstes Element zu definieren, welches als *optimale Aktion* ausgewählt werden kann. Die präzise Fassung des Begriffes „kleinstes Element" liefert dabei Definition 5.4b, bezogen auf die Ordnungsrelation, wie sie von der jeweiligen Auswahlregel gestiftet wird.

Um gewisse Komplikationen zu vermeiden, nehmen wir bei der Erklärung der Auswahlregeln an, daß die Mengen $\mathfrak{A}$ und Θ *endlich* sind.[11] Bezüglich der Bezeichnung von Indizes und Indexmengen sei auf Anmerkung 2.1. verwiesen.

---

1. Die Minimax-Verlust-Regel

Man ordnet jeder Aktion a_i eine Zahl m_i gemäß

$$a_i \longmapsto m_i = \max_{j \in J} l(a_i, \theta_j) \qquad (7.2)$$

zu. Sodann bestimmt man

$$M = \min_{i \in I} m_i = \min_{i \in I} \max_{j \in J} l(a_i, \theta_j) \qquad (7.2a)$$

Eine Aktion a_i, für die $m_i = M$ gilt, nennt man *Minimax-Verlust-Aktion*. Seien i_1, i_2 Indizes aus I. Die der Minimax-Verlust-Regel entsprechende Präferenzrelation „$\lesssim^1$" auf $\mathfrak{A}$ ist gegeben durch

$$a_{i_1} \lesssim^1 a_{i_2} \Leftrightarrow m_{i_1} \geqslant m_{i_2} \qquad (7.3)$$

Man überzeugt sich leicht davon, daß „$\lesssim^1$" den Axiomen P1 und P2 gehorcht.

Geht man von einer Nutzentafel aus, in der alle Eintragungen gemäß (7.1) das entgegengesetzte Vorzeichen tragen, so kommt

---

11 Im wesentlichen handelt es sich um Existenzprobleme, die bei unendlichen Mengen manchmal überhaupt nicht oder zumindest nicht mit den Begriffen „Maximum" und „Minimum" gelöst werden können. Tatsächlich lassen sich viele praxisnahe Probleme der statistischen Entscheidungstheorie nur mit unendlichen $\mathfrak{A}$ und Θ formulieren.

man zu einer *Maximin-Gewinn-Regel*, wie sie in der Theorie der strategischen Spiele (siehe hierzu auch § 2 B) verwendet wird. Die Übertragung dieser Regel auf die statistische Entscheidungstheorie verdankt man A. *W a l d* .[12]

2. Die Minimax-Regret-Regel

Zunächst leitet man aus der Verlusttafel eine *Regrettafel*, indem man von jedem Verlust $l(a_i, \theta_j)$ das Spaltenminimum der Verluste abzieht:

$$r(a_i, \theta_j) = l(a_i, \theta_j) - \min_{i \in I}\ l(a_i, \theta_j) \tag{7.4}$$

Die Zahl $r_{ij} = r(a_i, \theta_j)$ kann als Maß des „*Bedauerns*" aufzufassen, das sich einstellt, wenn man zuerst a_i wählte und dann erfährt, welcher Zustand θ_j zutrifft. Man vergleicht also den tatsächlichen Verlust mit dem Verlust min $l(a_i, \theta_j)$; nicht mehr als diesen Betrag würde man bei Kenntnis des Zutreffens von θ_j einbüßen.

Sodann wendet man auf die Regrettafel das Minimax-Verfahren an:

$$a_i \longmapsto m_i' = \max_{j \in J} r(a_i, \theta_j) \tag{7.5}$$

und bestimmt sodann:

$$M' = \min_{i \in I} m_i' = \min_{i \in I}\ \max_{j \in J}\ r(a_i, \theta_j) \tag{7.6}$$

Eine Aktion a_i, für die $m_i' = M'$ gilt, nennen wir *Minimax-Regret-Aktion*. Die der Minimax-Regret-Regel entsprechende Präferenzrelation „$\precsim^2$" ist dann gegeben durch

$$a_{i_1} \precsim^2 a_{i_2} \Leftrightarrow m_{i_1}' \geq m_{i_2}' \tag{7.7}$$

für $i_1, i_2 \in I$.

Die Minimax-Regret-Regel ist mit den Namen *L. J. S a v a - g e* und *J. N i e h a n s* verbunden[13]

---

12 Siehe hierzu etwa Wald (1950), S. 18.

13 Siehe hierzu etwa Savage (1951), S. 59. Dort wird an Hand eines vereinfachten Ausflugsbeispiels das Konzept zunächst für eine „Gewinntafel" entwickelt. Siehe auch Savage (1954) S. 163 und Niehans (1948). Es sei hier noch erwähnt, daß Savage selbst an dieser Stelle den Ausdruck „regret" nicht besonders gut findet und dafür „loss" vorschlägt.

3. Die Bayes-Entscheidungsregel

Genau genommen kann man nicht von einer eindeutig gegebenen Regel sprechen, sondern man hat ein Verfahren vor sich,
dessen konkrete Ausprägung von einer zusätzlichen „Vorentscheidung" abhängt. Diese Vorentscheidung besteht in der Vor-
nahme einer *Bewertung* der Zustände: jedem Zustand θ_j wird
eine Zahl $p_j \geqslant 0$ zugeordnet. Diese Bewertung p_j soll die Über-
zeugung der entscheidungstreffenden Person bezüglich des Zutreffens von θ_j ausdrücken.

Jeder Aktion a_i wird nun eine mittels der Bewertung p_j
gewogene Summe der Verluste zugeordnet:

$$a_i \longmapsto \varphi(a_i) = \sum_{j \in J} p_j l(a_i, \theta_j) \tag{7.8}$$

Sodann bestimmt man

$$B = \min_{i \in I} \varphi(a_i) \tag{7.9}$$

Die Aktion a_i, für die $\varphi(a_i) = B$ gilt, nennen wir *Bayes-Aktion
zur Bewertung* $(p_1, p_2, \ldots, p_n)$.

Die entsprechende Präferenzrelation „$\precsim^3$" auf $\mathfrak{A}$ ist gegeben
durch

$$a_{i_1} \precsim^3 a_{i_2} \Leftrightarrow \varphi(a_{i_1}) \geqslant \varphi(a_{i_2}) \tag{7.10}$$

Es liegt nahe, die Bewertung der Zustände durch die Bedingung
$\sum\limits_{j \in J} p_j = 1$ zu normieren (dies ist jedenfalls möglich, wenn
$\sum\limits_{j \in J} p_j > 0$ und I endlich ist). Dann können wir die Bewertung
als *Wahrscheinlichkeitsmaß auf* Θ deuten, die gewogene Summe
(7.8) als *Erwartungswert*. Das Wahrscheinlichkeitsmaß nennt
man dann auch *a-priori-Verteilung* auf der Zustandsmenge Θ.

Man muß zugeben, daß durch die Einführung einer bestimmten Bewertung auf der Zustandsmenge Θ der Boden des Entscheidungsproblems unter vollständiger Unsicherheit (siehe § 2,
B) in gewisser Weise verlassen wurde. Die Bedeutung des Bayes-
Verfahrens besteht aber nicht zuletzt darin, daß man Aussagen
über Bayes-Aktionen machen kann, die von der Angabe be-
stimmter a-priori-Verteilungen unabhängig sind. Ein Schritt in
diese Richtung ist die folgende

Definition 7.1. Eine Aktion $a \in \mathfrak{A}$ heißt Bayes-Aktion,
wenn es eine Bewertung gibt, für die a zur optimalen
Aktion im Sinne von (7.9) und (7.10) wird.

Die Betrachtung von Bayes-Aktionen gewinnt in der neueren Statistik zusehends an Bedeutung. Umstritten ist die Interpretation der a-priori-Verteilung. Im allgemeinen wird man sich dazu entschließen müssen, diese Verteilung einer Variante des subjektiven Wahrscheinlichkeitsbegriffes zuzuordnen. Eine sehr gründliche und informierte Übersicht über diesen Problemkreis findet man in *S t e g m ü l l e r* (1973b).

Wenn man eine Wahrscheinlichkeitsinterpretation für die a-priori-Bewertung anerkennt, so erfolgt die Ausgestaltung der Bayes-Entscheidungsregel in der statistischen Entscheidungstheorie über einen Satz der Wahrscheinlichkeitstheorie, nämlich den Satz von Bayes. In erster Linie ist der Name von *T h . B a y e s* (1702–1761) mit diesem Satz verknüpft. Die Verbindung über die statistische Entscheidungstheorie übertrug den Namen von *Bayes* auf die hier besprochene Entscheidungsregel, welche durch die Verwendung von a-priori-Bewertungen charakterisiert werden kann. Die Anwendung der Bayes-Entscheidungsregel ist unabhängig davon, ob man eine Verlust- oder eine Regrettafel zugrundelegt. Dies zeigt

> *Satz 7.1.* Jede Bayes-Aktion, berechnet aus einer Verlusttafel ist gleich der Bayes-Aktion, berechnet aus der zugehörigen Regrettafel.

Beweis: Es sei $\varphi(a_i) = \sum_{j \in J} p_j l(a_i, \theta_j)$

und $\varphi'(a_i) = \sum_{j \in J} p_j r(a_i, \theta_j)$

$$= \sum_{j \in J} p_j [l(a_i, \theta_i) - \min_{i \in I} l(a_i, \theta_j)]$$

$$= \varphi(a_i) - \underbrace{\sum_{j \in J} p_i \min_{i \in I} l(a_i, \theta_j)}$$

hängt nicht von i und j ab.

Es gilt also: $\varphi(a_i) = \varphi'(a_i) - C$, daß heißt, die beiden Größen, welche gemäß (7.10) eine Ordnungsrelation „$\precsim^3$" stiften, unterscheiden sich nun durch eine Konstante, liefern also die gleichen optimalen Aktionen. ∎

Beispiel 7.1. Für das Entscheidungsproblem des 1. Beispiels aus § 1 sollen die Minimax-Verlust-Aktion, die Minimax-Regret-Aktion und Bayes-Aktionen bestimmt werden.

Dazu müssen aus der dort gegebenen Nutzentafel die Verlust- und die Regrettafel abgeleitet werden. Dies geschieht am besten nach folgendem Schema, das zugleich die gewünschten Minimax-Verlust- und Regret-Aktionen liefert.

Verlusttafel   Regrettafel

	θ_1	θ_2	m_i			θ_1	θ_2	m_i'	
a_1	-12	12	12		a_1	0	20	20	
a_2	-10	-6	-6		a_2	2	2	2	$\swarrow$ M'
a_3	-8	-8	-8 $\swarrow$ M		a_3	4	0	4	

$\min_{i \in I} l(a_i, \theta_i)$ $\quad -12 \quad -8$

M = −8; Die Minimax-   M' = 2; Die Minimax-
   Verlust-Aktion   Regret-Aktion
   ist a_3.   ist a_2.

Bestimmung der
Bayes-Aktionen

	θ_1	θ_2
a_1	-12	12
a_2	-10	-6
a_3	-8	-8

a) Zur Bewertung (0,2 0,8)   b) Zur Bewertung (0,7 0,3)

$-12 \cdot 0{,}2 + 12 \cdot 0{,}8 = +7{,}2$ $-12 \cdot 0{,}7 + 12 \cdot 0{,}3 = -4{,}8$

$-10 \cdot 0{,}2 - 6 \cdot 0{,}8 = -6{,}8$ $-10 \cdot 0{,}7 - 6 \cdot 0{,}3 = -8{,}8$ $\swarrow$ B

$-8 \cdot 0{,}2 - 8 \cdot 0{,}8 = -8{,}0$ $\swarrow$ B $-8 \cdot 0{,}7 - 8 \cdot 0{,}3 = -8{,}0$

Bayes-Aktion: a_3 Bayes-Aktion: a_2.

Im Rahmen der Bayes-Regel gewinnt die Umkehrfrage Bedeutung: Für welche Bewertungen sind jeweils a_1, a_2 und a_3 Bayes-Aktionen? Wegen Satz 7.1. können wir zur Beantwortung dieser Frage sowohl die Verlust- als auch die Regrettafel heranziehen. In diesem Fall ist die Regrettafel günstig, da der Wert $\varphi'(a_2)$ für alle Bewertungen gleich 2 ist. Wir untersuchen den Bewertungs-Ansatz

$$\begin{pmatrix} \theta_1 & \theta_2 \\ p & 1-p \end{pmatrix}$$

Aktion a_1 ist Bayes-Aktion für

$$0 \cdot p + 20(1-p) \leqslant 2$$

oder: $p \geqslant 0,9.$

Aktion a_3 ist Bayes-Aktion für

$$4p + 0(1-p) \leqslant 2$$

oder: $p \leqslant 0,5.$

Im Fall zweier Zustände θ_1, θ_2 kann man die Bewertung von Θ durch eine Zahl, etwa p, eindeutig charakterisieren und damit die gesuchten Bereiche im Intervall [0, 1] angeben

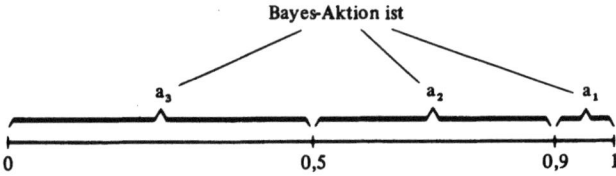

Im Sinne von Definition 7.1. *sind alle Aktionen des Problems „Bayes-Aktionen".* Allerdings müßte etwa, wenn man a_1 nehmen wollte, die Vorüberzeugung zugunsten von θ_1 schon recht stark sein, nämlich $p \geqslant 0,9.$

Beispiel 7.2. Beim 4. Beispiel aus § 1, das ein Modell der statistischen Parameterschätzung darstellt, existiert keine Minimax-Verlust-Aktion, da schon für eine feste Aktion (Schätzung) $\hat{\mu}$ das Verlustmaximum nicht existiert.

Die Regrettafel stimmt mit der Verlusttafel überein, da für alle Zustände μ gilt: $\min_{\hat{\mu} \in \mathfrak{A}} (\mu - \hat{\mu})^2 = 0.$

Für gewisse Bewertungen existieren jedoch Bayes-Aktionen.

---

4. Abgeleitete Regeln.

In der Literatur werden noch weitere Regeln erwähnt, die der Vollständigkeit halber hier angeführt seien. Sie können als Spezialisierung (Regel 4a) bzw. als Kombination anderer Auswahlregeln (Regel 4b, 4c) aufgefaßt werden. Wir nennen sie daher *abgeleitete Regeln* und begnügen uns damit, die charakteristische Größe anzugeben, deren *Minimierung* zur optimalen Aktion führen soll.

4a) Das Prinzip des ,,unzureichenden Grundes"

$$a_i \longmapsto \sum_{j \in J} l(a_i, \theta_j) = \varphi_L(a_i) \qquad (7.11)$$

Diese Regel entsteht durch Spezialisierung der Bayes-Regel, indem man alle Zustände *gleich* bewertet. Man drückt dadurch aus, daß ,,kein Grund" besteht, einen Zustand zu bevorzugen.

Es ist üblich, Gleichverteilungsannahmen mit dem Namen von *P. S. L a p l a c e* (1749–1827) zu verbinden, obwohl sie auch von früheren Autoren ausdrücklich in Betracht gezogen wurde[14]

4b) Das Optimismus-Pessimuskriterium

Es sei $\quad m_i = \max_{j \in J} l(a_i, \theta_j)$

$\qquad \mu_i = \min_{j \in J} l(a_i, \theta_j)$

$$a_i \longmapsto (1 - \alpha)\, \mu_i + \alpha\, m_i \quad \text{mit} \quad 0 \leqslant \alpha \leqslant 1 \qquad (7.12)$$

Diese Regel sucht also für jede Aktion a_i das schlechteste Ergebnis m_i und das beste Ergebnis μ_i auf und gewichtet sie mit den *Optimismus-Pessimismus-Parameter* α. Der Spezialfall $\alpha = 1$ liefert die Minimax-Verlust-Regel, der Spezialfall $\alpha = 0$ würde eine ,,Minimin-Verlust-Regel" ergeben, die in unserer Liste nicht aufscheint.

Das Optimismus-Pessimismuskriterium wird *L. H u r w i c z*[15] zugeschrieben.

4c) Die H o d g e s - L e h m a n n - Regel[16]

Es sei $\quad m_i \quad = \max_{j \in J} l(a_i, \theta_j)$

$$\varphi(a_i) = \sum_{j \in J} p_j l(a_i, \theta_j) \quad \text{mit} \quad \sum_{j \in J} p_j = 1$$

$$a_i \longmapsto (1 - \lambda)\, m_i + \lambda \varphi(a_i) \text{ mit } 0 \leqslant \lambda \leqslant 1 \qquad (7.13)$$

14 Siehe hierzu etwa *K r e l l e* (1968), S. 189 f.
15 Hurwicz (1951).
16 Siehe Hodges und Lehmann (1952), S. 396 f. Die Autoren wenden dort ihre Regel auf Risikofunktionen an, d.h. in der Sprache des no-data-Problems auf eine Regrettafel. Ebenso kann man natürlich auch die Hurwicz-Regel auf eine Regrettafel anwenden.

Diese Regel ist also eine Mischung aus der Minimax-Verlust-Regel und der Bayes-Regel (zur Bewertung $(p_1, \ldots, p_n)$) die sich als die Grenzfälle $\lambda = 0$ bzw. $\lambda = 1$ ergeben. Den Parameter λ nennt man auch *Vertrauensparameter*.

Beispiel 7.3. Wendet man die sechs hier beschriebenen Regeln auf die Entscheidungsprobleme der Beispiele 1.2. und 3. aus § 1 an, so erhält man optimale Aktionen, die in der nachstehenden Tabelle zusammengestellt seien:

Regel	Beispiel 1	Beispiel 2	Beispiel 3
	optimale Aktion		
Minimax-Verlust-Regel	a_3	a_2	a_2
Minimax-Regret-Regel	a_2	a_2	a_2
Bayes-Regel Bewertung (0,2 0,8)	a_3	a_3	a_2
Bewertung (0,7 0,3)	a_2	a_1	a_2
Laplace-Regel	a_2, a_3	a_2	a_2
Hurwicz-Regel $\alpha = 0,4$	a_2	a_1, a_2	a_2
Hodges-Lehmann-Regel $\lambda = 0,3$			
Bewertung (0,2 0,8)	a_3	a_3	a_2

Zusammenfassend läßt sich zu der hier gegebenen Aufzählung von Entscheidungsregeln folgendes sagen:

a) Es wurden sechs Regeln vorgeschlagen, die alle eine Anordnung der Aktionen und damit verbunden, das Auffinden einer (oder mehrerer äquivalenter) „bester" Aktionen zum Ziel haben. Beispiel 7.3. zeigt, daß man bei der Anwendung verschiedener Regeln durchaus verschiedene Resultate erhalten kann. Diese Vielfalt macht deutlich, daß es nicht ohne weiteres möglich zu sein scheint, eine Entscheidungsregel zu finden, die klar allen anderen Regeln vorzuziehen sei. Vielmehr muß man sich darüber im Klaren sein, daß die Anwendung einer bestimmten Entscheidungsregel schon eine „*Vorentscheidung*" für die Lösung des Entscheidungsproblems unter Unsicherheit bedeutet. Diese Vorentscheidung überträgt sich auch auf die statistische Entscheidungstheorie. Allerdings werden dort fast ausschließlich nur die Regeln 1, 2 und 3 verwendet.

b) Man kann sich leicht davon überzeugen, daß alle besprochenen Regeln gegenüber positiven, linearen Transformationen der Verlustfunktion invariant sind, d.h. die Regeln angewendet auf eine Verlusttafel

$$l^*(a_i, \theta_j) = a\, l(a_i, \theta_j) + b, \quad a > 0 \tag{7.14}$$

ergeben dort dieselbe Ordnung der Aktionen wie für die Verlusttafel mit den Werten $l(a_i, \theta_j)$.

Die Minimax-Verlust-Regel ist in diesem Sinn sogar invariant gegenüber streng monoton steigenden Transformationen der Verlusttafel.

§ 8. Geometrische Darstellung des Entscheidungsproblems

Wenn die Zustandsmenge Θ endlich ist, kann das Entscheidungsproblem geometrisch dargestellt werden. Es sei $\|\Theta\| = n$[17]. Sowohl durch die Verlusttafel als auch durch die Regrettafel wird jeder Aktion a $\in \mathfrak{A}$ ein n-Tupel von Zahlen zugeordnet.

Verlusttafel:

$$a \longmapsto (l(a, \theta_1), l(a, \theta_2), \ldots, l(a, \theta_n)) = (l_1, l_2, \ldots, l_n)$$

Regrettafel:

$$a \longmapsto (r(a, \theta_1), r(a, \theta_2), \ldots, r(a, \theta_n)) = (r_1, r_2, \ldots, r_n) \cdot$$

Jede Aktion a $\in \mathfrak{A}$ kann somit durch einen Punkt im $\mathbb{R}^n$ repräsentiert werden, $\mathfrak{A}$ wird als Punktmenge dargestellt. Der Übergang von der Verlusttafel zur Regrettafel zeigt sich dann als Parallelverschiebung des Koordinatensystems. Geht man nämlich von der Darstellung der Verlusttafel aus, so wird der Punkt R mit den Koordinaten

$$(\min_{i \in I} l(a_i, \theta_1), \min_{i \in I} l(a_i, \theta_2), \ldots, \min_{i \in I} l(a_i, \theta_n))$$

Koordinatenursprung für die Darstellung der Regrettafel.

Im Falle n = 2 läßt sich das Entscheidungsproblem unmittelbar in der Zeichenebene darstellen.

Beispiel 8.1. Geometrische Darstellung des Omelettenproblems (Beispiel 1, § 1) und des Ausflugsproblems (Beispiel 2, § 1).

Das Koordinatensystem (x_1, x_2) diene dabei zur Darstellung der Verlusttafel, das Koordinatensystem (x'_1, x'_2) (strichliert gezeichnete Koordinatenachsen) zur Darstellung der Regrettafel.

---

17 Es sei $\mathfrak{M}$ eine beliebige Menge. Durch das Symbol $\|\mathfrak{M}\|$ sei die Kardinalzahl der Menge $\mathfrak{M}$ dargestellt. Für endliche Mengen ist die Kardinalzahl von $\mathfrak{M}$ gleich der Anzahl der Elemente von $\mathfrak{M}$.

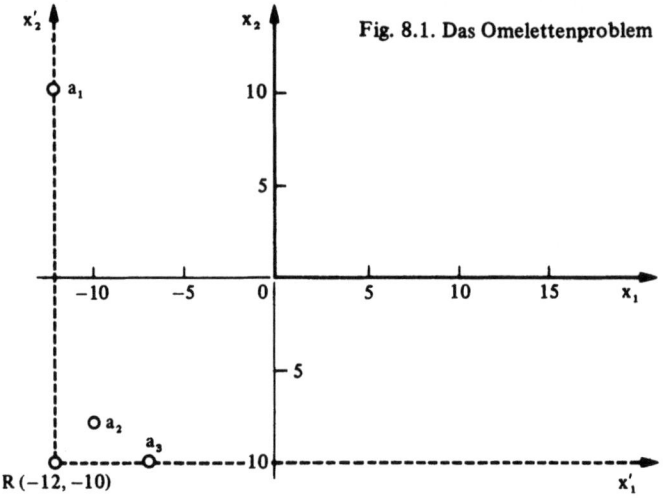

Fig. 8.1. Das Omelettenproblem

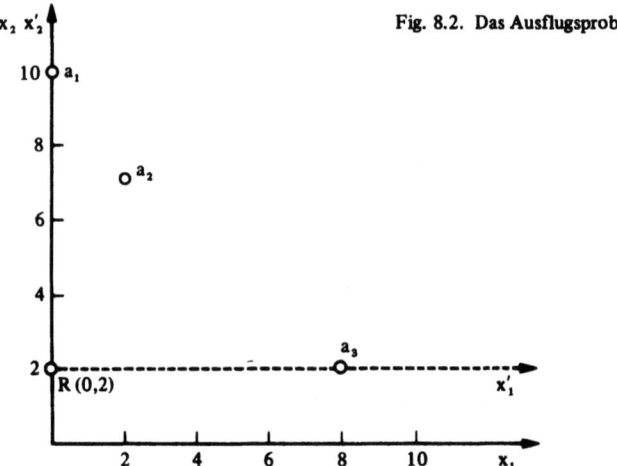

Fig. 8.2. Das Ausflugsproblem

Geometrische Veranschaulichung der Auswahlregeln

a) Minimax-Regeln. Wir betrachten die Punktmenge $Q(v) \subset \mathbb{R}^n$, die aus allen Punkten besteht, deren Koordinaten nicht größer als v sind:

$$Q(v) = \{(x_1, x_2, \dots, x_n) \mid \max_{j \in J} x_j \leqslant v\} \qquad (8.1)$$

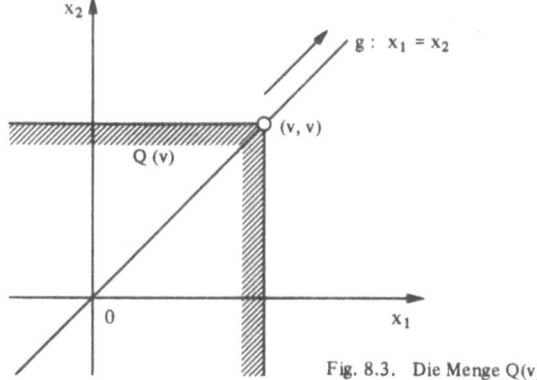

Fig. 8.3. Die Menge Q(v)

Wachsendes v zeigt sich im geometrischen Bild als Parallel-verschiebung von Q(v) entlang der Geraden

$$g: \quad x_1 = x_2 = \ldots = x_n$$

wobei der Punkt $(v, v, \ldots, v) \in Q(v)$ auf der Geraden g „geführt" wird.

Sei nun weiter die Punktmenge $\mathfrak{A}$ gegeben. Wir verschieben Q(v) solange in der beschriebenen Weise in Richtung des wachsenden v, bis Q(v) an einen Punkt von $\mathfrak{A}$ zum erstenmal anstößt (auf dem Rand von Q(v) können dann auch mehrere Punkte von $\mathfrak{A}$ zugleich liegen). Es sei $Q(v^*)$ die Menge aus der Schar der Q(v), für welche dies zutrifft. Dann gilt:
- die Punkte $a \in \mathfrak{A}$, welche auf dem Rand von $Q(v^*)$ liegen, sind die Minimax-Aktionen
- v^* ist gleich dem Wert $M = \min\limits_{i \in I} \max\limits_{j \in J} l(a_i, \theta_j)$ (bzw. $M' = \min\limits_{i \in I} \max\limits_{j \in J} r(a_i, \theta_j)$)

Diese Methode kann sowohl auf *Verlust-* als auch auf *Regret-tafeln* angewendet werden. Dabei wird anschaulich klar, warum Regel 1 und Regel 2 i. a. verschiedene optimale Minimax-Aktionen ergeben.

Beispiel 8.2. Wir betrachten eine einfache Verlusttafel mit vier Aktionen und zwei Zuständen sowie die zugehörige Regrettafel.

		θ_1	θ_2			θ_1	θ_2
Verlust-tafel	a_1	1,0	6,0	Regret-tafel	a_1	0	4,0
	a_2	2,0	4,0		a_2	1,0	2,0
	a_3	2,5	3,0		a_3	1,5	1,0
	a_4	3,0	2,0		a_4	2,0	0

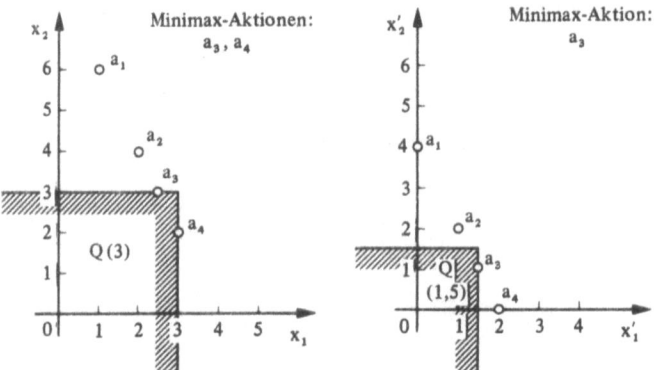

Fig. 8.4. Graphische Bestimmung von Minimax-Aktionen

b) Bayes-Regeln. Gegeben sei die (normierte) Bewertung

$$(p_1, p_2, \ldots, p_n) \text{ mit } p_j \geqslant 0, \ \Sigma p_j = 1$$

Wir können die Bewertung mit einem Ortsvektor y identifizieren, der immer in den positiven Oktanten weist.

  Nun betrachten wir die Ebenengleichung

$$\epsilon(b) : p_1 x_1 + p_2 x_2 + \ldots + p_n x_n = b \tag{8.2}$$

Die Ebene $\epsilon(b)$ steht senkrecht auf y. Wir fragen nun nach der Gleichung einer Ebene, die senkrecht auf y steht und gleichzeitig durch einen bestimmten Punkt geht. Wir interessieren uns dabei vor allem für Punkte, die Aktionen charakterisieren, also etwa $a = (l_1, l_2, \ldots, l_n)$. Eine solche Ebene durch a hat die Gleichung

$$p_1 x_1 + p_2 x_2 + \ldots + p_n x_n = p_1 l_1 + p_2 l_2 + \ldots + p_n l_n \tag{8.3}$$

oder, wegen (7.8)

$$\underline{p_1 x_1 + p_2 x_2 + \ldots + p_n x_n = \varphi(a)} \tag{8.4}$$

Wie kann man den Erwartungswert $\varphi(a)$ im geometrischen Bild erhalten? Dazu betrachten wir wieder die Gerade

$$g : x_1 = x_2 = \ldots = x_n \tag{8.5}$$

und ihren Schnittpunkt mit der Ebene $\epsilon(b)$. Man erhält durch Einsetzen von (8.5) in (8.2)

$$\underbrace{(p_1 + p_2 + \ldots + p_n)}_{= 1} x_1 = b \quad \text{oder:} \quad x_1 = b$$

und somit als Schnittpunkt $(b, b, \ldots, b) \in \mathbb{R}^n$. Eine Ebene
durch a, senkrecht auf dem „Bewertungsvektor" y, trifft also g
im Punkt

$$(\varphi(a), \varphi(a), \ldots, \varphi(a)) \tag{8.6}$$

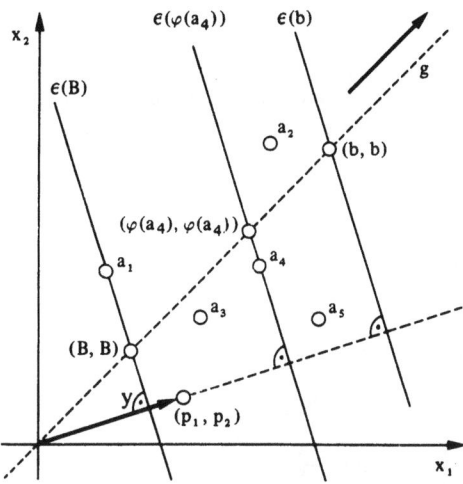

Fig. 8.5. Geometrie der Bayes-Regel

Welche Aktion ist nun Bayes-Aktion? Nach der Festsetzung
(7.9) offenbar jene, für die der Schnittpunkt der Ebene durch a
(und senkrecht auf y) mit g möglichst weit „links" liegt, d. h.
für die $b = \varphi(a)$ gleich dem minimalen Erwartungswert B wird.

Anschaulicher ist es, so vorzugehen: Man „schiebt" eine
senkrecht auf y stehende Ebene solange in Richtung wachsender
Schnittpunktskoordinaten mit g (Pfeilrichtung in Fig. 8.5) bis
sie an den Punkthaufen $\mathfrak{A}$ „anstößt".

Auch die in Beispiel 7.1. zuerst angeschnittene *Umkehr-
aufgabe:* „Für welche Bewertung y wird eine bestimmte
Aktion $a \in \mathfrak{A}$ Bayes-Aktion? " kann für n = 2 Zustände leicht
geometrisch veranschaulicht werden. Dies sei an Hand der
Daten des Ausflugsproblems (2. Beispiel, § 1) vorgeführt. Die
variable Bewertung kann im Fall n = 2 durch den Vektor
$(p, 1-p)$ dargestellt werden. Um die Abhängigkeit von der
Bewertung explizit anzugeben, schreiben wir nun den Erwartungswert (7.8) als Funktion zweier Variablen: $\varphi(a, p)$. Zur
Berechnung der wesentlichen Größen verwenden wir folgendes
Schema:

	θ_1	θ_2	
	p	1−p	$\varphi(a_i, p)$
a_1	0	10	$p \cdot 0 + (1-p) \cdot 10 = 10 - 10p \rightarrow g_1$
a_2	2	7	$p \cdot 2 + (1-p) \cdot 7 = 7 - 5p \rightarrow g_2$
a_3	8	2	$p \cdot 8 + (1-p) \cdot 2 = 2 + 6p \rightarrow g_2$

Als Funktion von p betrachtet, ist $\varphi(a_i, p)$ linear in p und
läßt sich demgemäß in einem zweidimensionalem Koordinatensystem als Gerade darstellen. Jeder Aktion a_i entspricht eine
Gerade g_i, i = 1, 2, 3. (Fig. 8.6.).

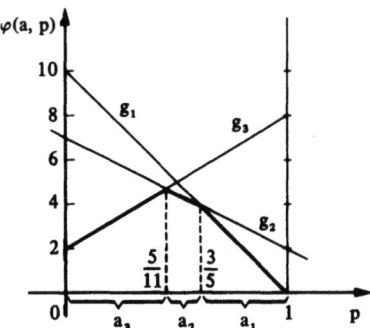

Fig. 8.6.a

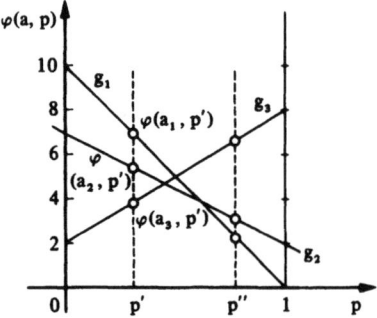

Fig. 8.6.b

Betrachtet man eine *feste* Bewertung $(p', 1-p')$, so kann die
zugehörige Bayes-Aktion durch die Gerade gefunden werden,
welche den „untersten" Schnittpunkt mit der Ordinate in p'
aufweist (Fig. 8.6.b). Betrachtet man die *variable* Bewertung
$(p, 1-p)$, so gibt der stark ausgezogene Streckenzug in Fig. 8.6.a
die Funktion

$$B(p) = \min_{i \in I} \varphi(a_i, p) \qquad (8.7)$$

an. Der Bereich, in dem die Gerade g_i an diesem Streckenzug teilnimmt, ist zugleich der Bereich, in dem a_i Bayes-Aktion ist.

Für das gegebene Beispiel kann man aus dem Schaubild unmittelbar entnehmen, daß für die Bereichsabgrenzungen nur die Schnittpunkte der Geraden g_1, g_2 und g_2, g_3 relevant sind.

Schnittpunkte

g_1, g_2 :

$$10-10p = 7 - 5p$$
$$5p = 3$$
$$p = \frac{3}{5}$$

g_2, g_3 :

$$7- 5p = 2 + 6p$$
$$-11p = -5$$
$$p = \frac{5}{11}$$

Damit erhält man die in Fig. 8.6.a angegebenen Bereiche, in denen jeweils a_1, a_2, a_3 Bayes-Aktionen sind.

Offensichtlich spielt die Bewertung $\left(\dfrac{5}{11} , \dfrac{6}{11} \right)$ eine besondere Rolle. Für sie nimmt die Funktion $B(p)$ ein Maximum an. Könnte ein „Gegenspieler" diese Bewertung „wählen", so hätte er damit den für mich ungünstigsten Fall ausgewählt. In der Theorie der strategischen Spiele wird diese Betrachtungsweise tatsächlich verwendet (siehe auch § 2. B. b). Die Zustände θ_1 und θ_2 sind dann Aktionsmöglichkeiten eines Gegenspielers, der seinen Nutzen (auf meine Kosten) möglichst groß zu machen trachtet. Die Bewertung bedeutet dann eine Mischung (Randomisierung) seiner Aktionen. Über die Randomisierung von Aktionen findet sich näheres in § 10.

Es mag hier scheinen, daß die geometrische Deutung des Entscheidungsproblems vorwiegend didaktischen Zwecken diene, insbesondere für den Fall zweier Zustände. Tatsächlich lassen sich aber aus der geometrischen Deutung eine Reihe von Begriffen herleiten (wie etwa der des konvexen Körpers aller randomisierten Strategien) welche sich dann zwanglos auch auf den (geometrisch nicht unmittelbar faßbaren) Fall von unendlich vielen Zuständen übertragen lassen.

§ 9. Die Dominanzrelation. Zulässigkeit von Aktionen.

Die in § 7 eingeführten Auswahlregeln sind insofern „stark", als es mit ihrer Hilfe möglich ist, zwei beliebige Aktionen miteinander zu vergleichen. Die Möglichkeit des Vergleichs von Aktionen beruhte im wesentlichen darauf, daß jede Regel

durch eine Abbildung der Menge $\mathfrak{A}$ in die reellen Zahlen charakterisiert werden konnte. Die Ordnung der reellen Zahlen wurde
dann benutzt, um eine *v o l l s t ä n d i g e* Ordnungsrelation
in der Menge $\mathfrak{A}$ einzuführen. Könnte man von vornherein zwin-
gende Gründe angeben, die es gestatten würden, ein für allemal
eine bestimmte Auswahlregel zu benutzen, (etwa das Optimismus-Pessimismuskriterium mit einem bestimmten Parameter α)
so hätte man eine „vollständige" Lösung des Entscheidungsproblems unter Unsicherheit. Die Vielfalt der angebotenen
Regeln zeigt jedoch, daß eine solche Vorgangsweise nicht ohne
weiteres zum erstrebten Ziel führt. Der Preis, den man für die
„Stärke" von Auswahlregeln dieser Art zu zahlen hat, ist die
Unentschiedenheit in der Wahl der „richtigen" Regel.

Man kann versuchen, einen anderen Weg einzuschlagen. Gibt
es vielleicht Ordnungsrelationen auf der Menge $\mathfrak{A}$, welche zwar
nicht die umfassende Vergleichbarkeit der Aktionen herstellen,
dafür aber als allgemein-vernünftige Prinzipien angesehen werden können? Eine Ordnungsrelation in $\mathfrak{A}$, welche dieser An-
forderung weitgehend entsprechen dürfte, ist die *Dominanzrelation*, die mittels der folgenden Definitionen eingeführt
werde.

Definition 9.1. Es seien i, k Indizes aus der Indexmenge I.

a) Die Aktion a_i *dominiert* die Aktion a_k, wenn

$$l(a_i, \theta) \leqslant l(a_k, \theta) \quad \text{für alle} \quad \theta \in \Theta \tag{9.1}$$

Wir schreiben

$$a_k \precsim a_i$$

b) Die Aktion a_i *dominiert* die Aktion a_k *streng*, wenn (9.1)
und zusätzlich

$$l(a_i, \theta) < l(a_k, \theta) \quad \text{für mindestens ein } \theta \in \theta \tag{9.2}$$

gilt.
Wir schreiben:

$$a_k \prec a_i$$

c) Zwei Aktionen a_i, a_k werden als *gleich* bezeichnet, wenn
gilt:

$$l(a_i, \theta) = l(a_k, \theta) \quad \text{für alle} \quad \theta \in \Theta \tag{9.3}$$

Wir schreiben:

$$a_i = a_k$$

Anmerkung 9.1. Die Relationszeichen ‚$\precsim$' und ‚$\precsim$' sind schon früher zur Bezeichnung anderer Ordnungsrelationen verwendet worden. Sie sollen in den folgenden Abschnitten, von eventuellen, genau bezeichneten Ausnahmen abgesehen, für die beiden Dominanzrelationen reserviert bleiben.

Anmerkung 9.2. Man beachte, daß durch (9.3) eine nichttriviale Gleichheitsdefinition vorgelegt wurde. Im Sinne des Entscheidungsproblems, wie es etwa durch die Matrix (2.1) gegeben ist, dürfte man zunächst Aktionen nur dann als „gleich" ansehen, wenn $o_{ij} = o_{kj}$ für alle $j \in J$, also wenn sie für jeden Zustand θ gleiche Ergebnisse nach sich ziehen. Demgegenüber begnügt sich (9.3) ausdrücklich mit der Gleichheit der Bewertungen (in Form von „Verlusten"),

Wie die Dominanzrelation in die Systematik der Ordnungsrelationen eingefügt werden kann, zeigt

Satz 9.1. Die Dominanzrelationen haben folgende Eigenschaften

Dominanz		*strenge Dominanz*	
Reflexivität:	$a \precsim a$	*Irreflexivität:*	nicht $a \prec a$
Antisymmetrie:	Aus $a \precsim b$ und $b \precsim a$ folgt $a = b$	*Asymmetrie:*	Aus $a \prec b$ folgt: nicht $b \prec a$
Transitivität:	Aus $a \precsim b$ und $b \precsim c$ folgt $a \precsim c$	*Transitivität:*	Aus $a \prec b$ und $b \prec c$ folgt $a \prec c$

für a, b, c aus der Menge $\mathfrak{A}$

Der sehr einfache Beweis dieses Satzes sei dem Leser überlassen. Aus Übersicht 2 in § 5. entnimmt man unmittelbar, daß die *Dominanz* eine *partielle Ordnung* und die *strenge Dominanz* die zugehörige *strikte partielle Ordnung* bildet.

Um die Bedeutung der Dominanzrelation näher zu beleuchten, seien die folgenden Gesichtspunkte ins Treffen geführt.
a) Die Dominanzrelation *stimmt mit den Auswahlregeln des § 7 überein.* Dies ist so zu verstehen: Sei ‚$\precsim^R$' die Bezeichnung für eine beliebige aus den Ordnungsrelationen, die aus den angegebenen Auswahlregeln hergeleitet werden können. Dann gilt die Folgebeziehung

$$a_i \precsim a_k \;\Rightarrow\; a_i \precsim^R a_k \qquad (9.4)$$

Die *Umkehrung* von (9.4) gilt jedoch im allgemeinen *nicht*. Obwohl etwa in den Beispielen 1. bis 3. des § 1 (siehe auch die Tabelle in Beispiel 7.3) alle Regeln optimale Aktionen auswählen, besteht in keinem der drei Fälle eine Dominanzrelation zwischen irgend zwei Relationen.

Der *Beweis* der Behauptung (9.4) ist einfach; hier seien nur zwei Teilbehauptungen von (9.4) ausführlich belegt:

— Geht man von einer Verlusttafel zu einer Regrettafel über, so bleibt die Dominanzrelation erhalten.

Aus $l(a_i, \theta) \leqslant l(a_k, \theta)$ folgt nämlich

$$l(a_i, \theta) - \min_{a \in \mathfrak{A}} l(a, \theta) \leqslant l(a_k, \theta) - \min_{a \in \mathfrak{A}} l(a, \theta) \quad \text{und daraus}$$

wegen (7.4):

$$r(a_i, \theta) \leqslant r(a_k, \theta).$$

— Die Minimax-Verlustregel liefert eine mit der Dominanzregel übereinstimmende Ordnungsrelation wegen der Ungleichungskette:

$$\max_{j \in J} l(a_i, \theta_j) = l(a_i, \theta^*) \leqslant l(a_k, \theta^*) \leqslant \max_{j \in J} l(a_k, \theta).$$

b) Der Dominanzbegriff hat jedenfalls eine ganz klare, *anschauliche Bedeutung.* Ist $a_i \lesssim a_k$, so kann kein Umstand (Zustand) eintreten, bei dem die Wahl von a_k sich als besser herausstellte als a_i. Insofern ist die Beachtung der Dominanzregel von schwer widerlegbarer Vernünftigkeit. Auf keinen Fall wird man eine streng dominierte Aktion auswählen wollen. Es scheint daher sinnvoll, das Entscheidungsproblem zunächst von allen streng dominierten Aktionen zu ,,reinigen". Dieser Vorgang wird durch eine Reihe von Begriffen und Sätzen präzisiert bzw. beschrieben.

> *Definition 9.2.* Eine Aktion heißt *zulässig* (admissible), wenn sie von keiner Aktion streng dominiert wird.

Die nächsten beiden Definitionen betrachten bestimmte, ausgezeichnete *Mengen* von Aktionen:

> *Definition 9.3.a)* Eine Aktionenmenge $\mathfrak{B} \subset \mathfrak{A}$ heißt *vollständig*, wenn jede Aktion außerhalb von $\mathfrak{B}$ von einer Aktion in $\mathfrak{B}$ *streng dominiert* wird.
> *b)* Eine vollständige Aktionenmenge heißt *minimal vollständig*, wenn sie keine echte Teilmenge enthält, die ebenfalls vollständige Menge ist.

Vom Standpunkt der Dominanzrelation interessieren nur die zulässigen Aktionen. Von einer vollständigen Aktionenmenge kann man sagen, daß in ihr alle zulässigen Aktionen versammelt sind. Die Tatsache, daß man eine vollständige

Menge von Aktionen vor sich hat, braucht jedoch noch nicht viel zu besagen: Auch $\mathfrak{A}$, die Menge aller Aktionen, bildet schon eine vollständige Menge. Das eigentliche Interesse richtet sich auf die minimale vollständige Menge, die offenbar den „wesentlichen" Teil des Entscheidungsproblems ausmacht. Allerdings gibt es Fälle, in denen eine minimale vollständige Aktionenmenge nicht existiert, ein solcher Fall kann jedoch nur eintreten, wenn die Menge $\mathfrak{A}$ unendlich ist (siehe hierzu Beispiel 9.2).

Beispiel 9.1. Ein Entscheidungsproblem sei durch die folgende Verlusttafel und die zugehörige geometrische Darstellung gegeben:

	θ_1	θ_2
a_1	1	5
a_2	2	3
a_3	2	3
a_4	4	4
a_5	6	2
a_6	6	3

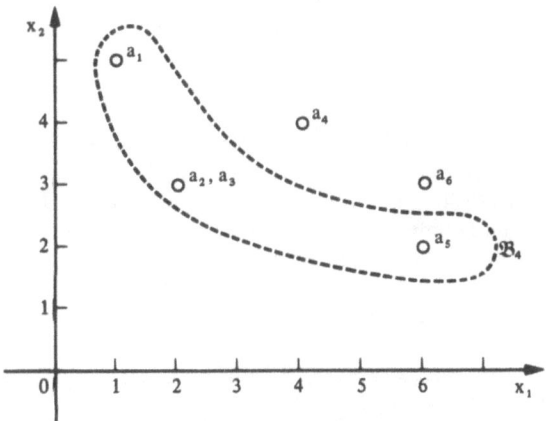

Fig. 9.1. Darstellung einer minimalen vollständigen Aktionenmenge

Es gelten folgende Dominanz- und Gleichheitsrelationen:

$$a_2 \lesssim a_3 \qquad a_3 \lesssim a_2 \qquad a_4 \prec a_2 \qquad a_4 \prec a_3$$
$$a_2 = a_3 \qquad\qquad a_6 \prec a_2 \qquad a_6 \prec a_3 \qquad a_6 \prec a_5.$$

Vollständige Aktionenmengen (sowie die zugehörigen komplementären Mengen) sind:

$$\mathfrak{B}_1 = \{ a_1, a_2, a_3, a_4, a_5, a_6 \} \qquad \mathfrak{A} - \mathfrak{B}_1 = \phi \; (= \text{die leere Menge})$$

$$\mathfrak{B}_2 = \{ a_1, a_2, a_3, a_4, a_5 \} \qquad \mathfrak{A} - \mathfrak{B}_2 = \{ a_6 \}$$

$$\mathfrak{B}_3 = \{ a_1, a_2, a_3, a_5, a_6 \} \qquad \mathfrak{A} - \mathfrak{B}_3 = \{ a_4 \}$$

$$\mathfrak{B}_4 = \{ a_1, a_2, a_3, a_5 \} \qquad \mathfrak{A} - \mathfrak{B}_4 = \{ a_4, a_6 \}$$

Die vollständige minimale Menge ist $\mathfrak{B}_4$. Man beachte, daß die Mengen

$$\mathfrak{B}_5 = \{ a_1, a_2, a_5 \} \qquad \text{sowie} \qquad \mathfrak{B}_6 = \{ a_1, a_3, a_5 \}$$

die aus $\mathfrak{B}_4$ durch Ausscheiden der (offensichtlich überflüssigen) Aktionen a_3 bzw. a_2 erhalten wurden, *keine* vollständigen Mengen sind, da a_3 bzw. a_2 von keiner Aktion aus $\mathfrak{B}_5$ bzw. $\mathfrak{B}_6$ streng dominiert werden. Andererseits kann man der Meinung sein, daß im Grunde doch mit den Mengen $\mathfrak{B}_5$ oder $\mathfrak{B}_6$ das Auslangen finden könnte, oder allgemeiner ausgedrückt, daß man von Klassen gleicher Aktionen jeweils nur einen Repräsentanten im „Kern" des Entscheidungsproblems braucht.

Die Betrachtung der Mengen $\mathfrak{B}_5$ und $\mathfrak{B}_6$ des vorhergehenden Beispiels legt folgende Definition nahe:

> *Definition 9.4.a)* Eine Aktionenmenge $\mathfrak{B}$ heißt *wesentlich vollständig*, wenn jede Aktion außerhalb von $\mathfrak{B}$ von einer Aktion in $\mathfrak{B}$ *dominiert* wird.
> *b)* Eine wesentlich vollständige Aktionenmenge heißt minimal wesentlich vollständig, wenn sie keine Teilmenge enthält, die ebenfalls wesentlich vollständig ist.

Man beachte: Der Unterschied zur Definition der Vollständigkeit besteht darin, daß man den Ausdruck „streng dominiert" in Definition 9.3.a) durch „dominiert" ersetzt. Da aus der strengen Dominanz die „gewöhnliche" Dominanz folgt, ist jede vollständige Menge auch wesentlich vollständig. Die Umkehrung gilt natürlich nicht immer: Die Mengen $\mathfrak{B}_5$ und $\mathfrak{B}_6$ aus Beispiel 9.1. sind wesentlich vollständig, jedoch nicht vollständig.

Der Geltungsbereich der in diesem Abschnitt eingeführten Begriffe sei nun durch einige Gegenbeispiele und Sätze abgesteckt.

Beispiel 9.2.a) Ein Entscheidungsproblem, das
- keine minimale vollständige Aktionenmenge
- keine zulässigen Aktionen besitzt.

	θ_1	θ_2
a_1	1	1
a_2	$\dfrac{1}{2}$	$\dfrac{1}{2}$
$\vdots$	$\vdots$	$\vdots$
a_n	$\dfrac{1}{n}$	$\dfrac{1}{n}$
$\vdots$	$\vdots$	$\vdots$

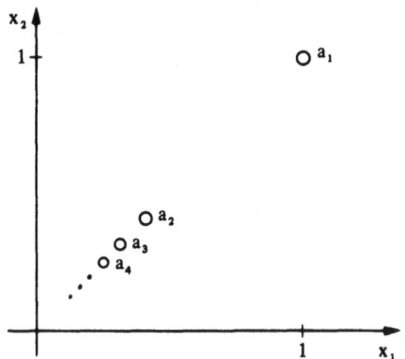

Fig. 9.2. Darstellung eines Entscheidungsproblems
ohne zulässige Aktionen.

Daß keine zulässigen Aktionen existieren, beruht im wesentlichen
darauf, daß die Zahlenfolge $1, \dfrac{1}{2}, \dfrac{1}{3}, \ldots, \dfrac{1}{n}, \ldots$ keine kleinste
Zahl aufweist.

Die Mengen $\mathfrak{B}_r$, $r = 1, 2, \ldots$ mit $\mathfrak{B}_r = \{a_i \mid i \geqslant r\}$ sind Beispiele für
vollständige Mengen. *Alle* vollständigen Mengen können in der Form
einer Aktionenfolge

$$a_{i_1}, a_{i_2}, \ldots, a_{i_n}, \ldots \tag{9.5}$$

mit steigender Indexfolge $i_1 < i_2 < i_3 < \ldots$ angegeben werden. Hat man
irgend eine vollständige Menge vorgegeben, so kann durch das Streichen
eines Folgengliedes eine neue vollständige Menge konstruiert werden, die
Teilmenge der vorgegebenen Menge ist; keine der vollständigen Mengen
kann also minimal vollständig sein.

Man kann sich übrigens auch leicht davon überzeugen, daß das
Entscheidungsproblem *keine Bayes-Aktion* besitzt.

b) Ein Entscheidungsproblem, in dem die *Menge der zulässigen Aktionen nicht vollständig* ist.

Dazu wird die Menge der im vorhergehenden Beispiel gegebenen Aktionen um die Aktion $a_0 = \left(-\dfrac{1}{2}, \dfrac{1}{2}\right)$ ergänzt. a_0 ist die einzige zulässige Aktion, sie wird von keiner der Aktionen $a_i, i = 1, 2, \ldots$ dominiert. Andererseits liegt etwa a_3 außerhalb der Menge $\{a_0\}$ und wird von a_0 nicht dominiert.

Die „Gegenbeispielseigenschaften" verdanken beide Beispiele dem Umstand, daß die Menge der Aktionen offen ist: Der Häufungspunkt $(0, 0)$ gehört in beiden Fällen nicht zur Aktionenmenge.

Gewissermaßen einen Kontrapunkt zu den beiden vorangehenden Gegenbeispielen bildet der

> *Satz 9.2.* Existiert eine minimale vollständige Aktionenmenge, so ist sie eindeutig bestimmt; sie besteht dann gerade aus der Menge aller zulässigen Aktionen.

Beweis. Es sei $\mathfrak{B}$ eine minimale vollständige Aktionenmenge, $\mathfrak{J}$ die Menge aller zulässigen Aktionen.

Außerhalb von $\mathfrak{B}$ können sich gemäß Definition 9.3.a keine zulässigen Aktionen befinden. Also gilt

$$\mathfrak{J} \subset \mathfrak{B} \tag{9.6}$$

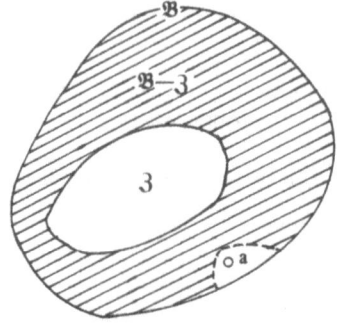

Fig. 9.3. Illustration zum Beweis von Satz 9.2.

Wir zeigen nun, daß die Differenzmenge $\mathfrak{B} - \mathfrak{J}$ leer ist. Angenommen, es gäbe eine Aktion a mit $a \in \mathfrak{B} - \mathfrak{J}$. Dann wäre, da ja a nicht in $\mathfrak{J}$ liegen soll, a nicht zulässig, und es gäbe eine Aktion b, welche a streng dominiert:

$$a \prec b \tag{9.7}$$

Es gibt sogar eine Aktion aus $\mathfrak{B}$, welche a streng dominiert, wäre nämlich b $\notin \mathfrak{B}$, so gäbe es wegen der postulierten Vollständigkeit von $\mathfrak{B}$ eine Aktion c $\in \mathfrak{B}$

$$b \prec c \tag{9.8}$$

(9.7) und (9.8) zusammen ergeben dann a $\prec$ b $\prec$ c und somit

$$a \prec c \quad \text{mit} \quad c \in \mathfrak{B} - \{a\} \tag{9.9}.$$

Wir zeigen nun, daß die Menge $\mathfrak{B} - \{a\}$ ebenfalls vollständig ist, d. h. jede Aktion a$'$ außerhalb von $\mathfrak{B} - \{a\}$ wird von einer Aktion in $\mathfrak{B} - \{a\}$ streng dominiert. Wir unterscheiden nun zwei Fälle:

α) a$'$ = a. Dann liefert (9.9) eine Aktion c $\in \mathfrak{B} - \{a\}$, die a$'$ streng dominiert.

β) a$' \neq$ a. Zunächst ist klar, daß a$'$ von einer Aktion aus $\mathfrak{B}$ streng dominiert wird. Nun gibt es zwei Unterfälle:

    αα) a$' \prec$ a. Dann liefert wieder (9.9) mit c eine streng dominierende Aktion: a$' \prec$ a $\prec$ c $\Rightarrow$ a$' \prec$ c.

    ββ) a$' \prec$ d mit d $\neq$ a und d $\in \mathfrak{B}$. Dann ist aber auch d $\in \mathfrak{B} - \{a\}$.

Das heißt aber: Wäre $\mathfrak{B} - \mathfrak{Z}$ nicht leer, so könnte man aus der vollständigen Menge $\mathfrak{B}$ eine Aktion a absondern, wobei die Vollständigkeitseigenschaft der reduzierten Menge $\mathfrak{B} - \{a\}$ erhalten bliebe, im Widerspruch zur postulierten Minimaleigenschaft von $\mathfrak{B}$. Somit ist $\mathfrak{B} - \mathfrak{Z}$ leer, also $\mathfrak{Z} = \mathfrak{B}$ ∎

Geometrische Deutung der Dominanzrelation

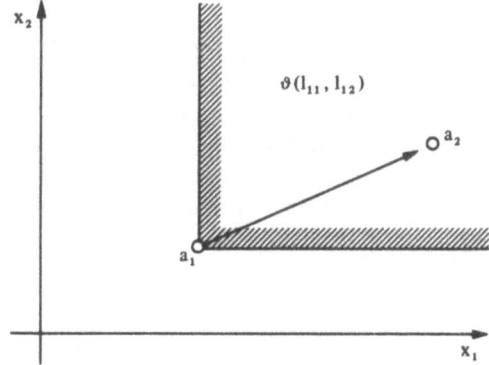

Fig. 9.4. Geometrische Veranschaulichung der Dominanzrelation

Die geometrische Veranschaulichung der Dominanzrelation sei hier wieder für den Fall zweier Zustände vorgeführt.

Die Menge aller Aktionen, die von

$$a_1 = (l_{11}, l_{12})$$

dominiert werden, liegen in der *abgeschlossenen Menge* ϑ (l_{11}, l_{12}) (siehe Fig. 9.4). Die Menge aller Aktionen, die von a_1 *streng dominiert* werden, wird durch Weglassen des Punktes (l_{11}, l_{12}) gewonnen: $\vartheta(l_{11}, l_{12}) - \{(l_{11}, l_{12})\}$. Die Aktion a_2 wird von der Aktion a_1 streng dominiert, wenn der Differenzvektor $a_2 - a_1$ in den positiven Quadranten weist.

Die Verallgemeinerung für den Fall von n Zuständen, die sich dann im $\mathbb{R}^n$ abspielt, liegt nun auf der Hand.

Einige abschließende Gedanken zu diesem Paragraphen

Das Ausscheiden nicht zulässiger Aktionen, im günstigsten Fall die Auffindung einer minimalen vollständigen Aktionenmenge, kann man als eine „schwache" Form der Lösung des Entscheidungsproblems ansehen. Daß diese Lösung tatsächlich nur als eine „schwache" angesehen werden kann, zeigt die Tatsache, daß in vielen praktisch interessanten Fällen die gesamte Aktionenmenge $\mathfrak{A}$ aus zulässigen Aktionen besteht. Dann hilft die Betrachtung von Dominanzrelationen nicht weiter.

Man darf auch nicht vergessen, daß die Konstruktion der Dominanzrelation und mit ihr die Begriffe „zulässige Aktion", „streng dominierte (nicht zulässige) Aktion" von der Existenz zumindest eines ordinalen Nutzenindex auf der Menge $\mathfrak{D}$ der Ergebnisse abhängig sind. Dieser Umstand wird oft in der Auseinandersetzung zwischen Anhängern der „klassischen" statistischen Verfahren und den „Bayesianern" vergessen[18]. Letztere weisen zwar mit Recht darauf hin, daß (genügend allgemein definierte) Bayes-Aktionen immer zulässig sind. Andererseits wird der klassische Statistiker sich oft weigern zuzugeben, daß eine Bewertung von statistischen Fehlurteilen sinnvoll sei. Man wird zugeben müssen, daß dieser Standpunkt, vor allem im Bereich der an theoretischen Ergebnissen interessierten Naturwissenschaften (etwa bei der Schätzung absoluter physikalischer Konstanten), einiges für sich hat.

---

18 Anmerkungen zu den diesbezüglichen kontroversen Ansichten verschiedener Richtungen findet man in dem Buch Barnett (1973), insbesondere dort auf S. 239 ff.

§ 10. Die Einführung gemischter Aktionen (Randomisieren
   von Aktionen)

A. *Zeilen- und Spaltenfunktionen*

Wir beginnen mit einer Verallgemeinerung des „n-tupel-
Konzepts" für Aktionen, welches in § 8 zunächst eingeführt
wurde, um die geometrische Veranschaulichung des Entscheidungsproblems zu ermöglichen.

Ausgangspunkt sei die *Verlustfunktion* (siehe § 7, insbesondere (7.1))

$$l : \mathfrak{A} \times \Theta \longrightarrow \mathbb{R}$$

$$(a, \theta) \longmapsto l(a, \theta)$$

Aus dieser (zweistelligen) Funktion werden nun zwei neue
Funktionen abgeleitet:
Die *Spaltenfunktion* $l(\cdot, \theta)$

$$l(\cdot, \theta) : \mathfrak{A} \longrightarrow \mathbb{R} \tag{10.1}$$

$$a \longmapsto l(a, \theta)$$

Bei einer Spaltenfunktion denkt man sich im Ausdruck $l(a, \theta)$ den Zustand θ festgehalten, a variabel. Zu jedem Zustand θ gibt es eine Spaltenfunktion.

Die *Zeilenfunktion* $l(a, \cdot)$

$$l(a, \cdot) : \Theta \longrightarrow \mathbb{R} \tag{10.2}$$

$$\theta \longmapsto l(a, \theta)$$

Bei einer Zeilenfunktion denkt man sich im Ausdruck $l(a, \theta)$ die Aktion
a festgehalten, θ variabel. Zu jeder Aktion a gibt es eine Zeilenfunktion.

Vermöge der eineindeutigen Zuordnungen

$$\theta \longmapsto l(\cdot, \theta) \text{ für jedes } \theta \in \Theta \tag{10.3}$$

$$a \longmapsto l(a, \cdot) \text{ für jedes } a \in \mathfrak{A}$$

kann man jeden Zustand mit einer Spaltenfunktion, jede Aktion
mit einer Zeilenfunktion identifizieren.

Von besonderer Bedeutung sind für uns vor allem die Zeilenfunktionen. Es seien hier einige Gesichtspunkte angeführt, welche für die Einführung von Zeilenfunktionen sprechen:
— Ist der Zustandsraum Θ unendlich und, wie etwa im Falle
des statistischen Schätzproblems mit stetigem Parameter (siehe

hierzu das 4. Beispiel aus § 1), sogar ein Intervall (also eine
reelle Zahlenmenge), so ist es ganz natürlich, jeder Aktion
(d. h. jeder Schätzung) eine Zeilenfunktion zuzuordnen,die wir
dann „Verlustfunktion" nennen. Insbesondere wird bei der
graphischen Darstellung solcher Schätzungen die Zuordnung
zwischen Aktion und zugehöriger Verlustfunktion ganz selbstverständlich durchgeführt.

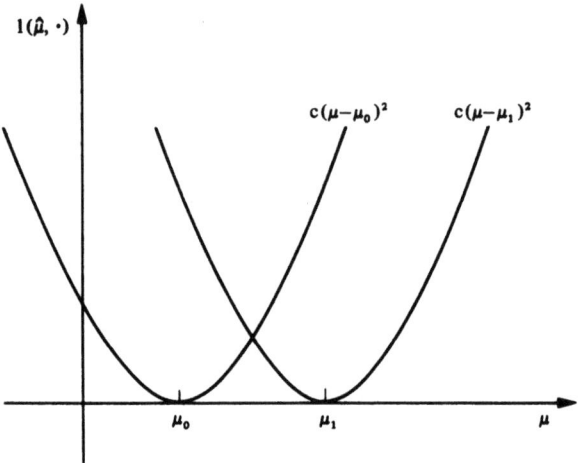

Fig. 10.1. Graphische Darstellung von Verlustfunktionen des 4. Beispiels, § 1.

In Fig. 10.1 haben wir dann

$$l(\hat{\mu}, \cdot) \equiv c(\mu - \mu_0)^2 \quad \text{wenn} \quad \hat{\mu} = \mu_0$$
$$l(\hat{\mu}, \cdot) \equiv c(\mu - \mu_1)^2 \quad \text{wenn} \quad \hat{\mu} = \mu_1.$$

Wir verbleiben in diesem Paragraphen meist im Bereich eines
endlichen Zustandsraumes Θ; die Zeilenfunktionen werden
dann zu den schon in § 8 eingeführten n-tupeln.
– In der Menge der Zeilenfunktionen lassen sich (nach geeigneten Einbettungsmaßnahmen) Verknüpfungen definieren,
aus denen wiederum Verknüpfungen zwischen Aktionen hergeleitet werden können. Dies ist im wesentlichen der Weg,
welcher im folgenden bei der Einführung gemischter Aktionen
beschritten wird.

– In der Nutzentheorie von *L. S a v a g e* [19] geht man von einem
Konzept aus, das sogar *alle* Abbildungen des Zustandsraumes Θ in die
Menge der Ergebnisse $\mathfrak{O}$ betrachtet. Diese (i.a. recht große) Abbildungs-

19 Siehe hierzu etwa Fishburn (1970), Kapitel 12, wo eine konzen-
     trierte Darstellung dieses Ansatzes gegeben wird, oder das Original-
     werk Savage (1954).

menge bildet das Analogon zur Aktionenmenge $\mathfrak{A}$. Von diesem Modell ausgehend werden dann simultan der Nutzenbegriff und der subjektive Wahrscheinlichkeitsbegriff begründet. Man beachte aber den Unterschied zum hier verwendeten Modell des Entscheidungsproblems:

a) Bei *S a v a g e* ist der Argumentbereich der Zeilenfunktionen die Menge $\mathfrak{O}$; in unserem Fall jedoch reelle Zahlen, gedeutet als Verluste, die bereits über eine andere Version der Nutzentheorie (*N e u m a n n - Morgenstern*) gewonnen wurden.

b) Zum Unterschied zur *S a v a g e* -Theorie betrachten wir hier auch Entscheidungsprobleme, die nicht alle möglichen Zeilenfunktionen als Aktionen enthalten.[20]

B. Definition der gemischten (randomisierten) Aktionen

Der Einfachheit halber beginnen wir mit einer endlichen Aktionenmenge: $\mathfrak{A} = \{a_1, a_2, \ldots, a_m\}$. Jedem Element $a_i \in \mathfrak{A}$ wird ein Gewicht π_i, $i = 1, \ldots, m$ zugeordnet, wobei

$$\pi_i \geqslant 0 \quad \sum_{i=1}^{m} \pi_i = 1$$

gelten soll. Für eine solche Zuordnung schreiben wir:

$$a^* = \begin{bmatrix} a_1 & a_2 & \ldots & a_m \\ \pi_1 & \pi_2 & & \pi_m \end{bmatrix} \qquad (10.4)$$

a^* kann als *Wahrscheinlichkeitsmaß* gedeutet werden, das jeder Teilmenge von $\mathfrak{A}$, also jedem Element der Potenzmenge $P(\mathfrak{A})$, eine Wahrscheinlichkeit zuordnet. Nun definiert man

> *Definition 10.1.* Es sei $\mathfrak{A}$ eine endliche Menge. Eine gemisch-te (randomisierte) Aktion a^* ist ein Wahrscheinlichkeitsmaß auf der Menge $\mathfrak{A}$.

Die Menge aller Wahrscheinlichkeitsmaße bezeichnen wir mit $\mathfrak{A}^*$. Die *Realisierung* einer gemischten Aktion kann etwa so erfolgen: Man verschafft sich ein Zufallsexperiment über einem Stichprobenraum Ω mit der Zerlegung

$$A_1 \cup A_2 \cup \ldots \cup A_m = \Omega, \quad A_i A_j = \phi \text{ für } i \neq j$$

und den Wahrscheinlichkeiten

$$P(A_1) = \pi_1, \quad P(A_2) = \pi_2, \ldots, P(A_m) = \pi_m.$$

20 Siehe hierzu Fishburn (1973). Dort wird der ursprüngliche Ansatz von Savage unter anderem in Richtung auf allgemeinere Aktionen-mengen erweitert.

Tritt das Ereignis A_i ein, so wird die Aktion a_i gewählt. Anschaulich kann die hier gegebene Konstruktion auf die kurze
Formel gebracht werden: Eine gemischte Aktion a^* wählen
heißt, a_1 mit Wahrscheinlichkeit $\pi_1, \ldots, a_m$ mit Wahrscheinlichkeit π_m zu wählen.

Die ursprünglich gegebenen Aktionen, also die Elemente
$a_i \in \mathfrak{A}$, können als *Spezialfälle* von gemischten Aktionen angesehen werden, und zwar als solche Elemente aus $\mathfrak{A}^*$, welche
dem Element a_i das Gewicht 1 zuordnen:

$$a_i \leftrightarrow \begin{bmatrix} a_1 & \cdots & a_i & \cdots & a_m \\ 0 & & 1 & & 0 \end{bmatrix} \in \mathfrak{A}^* \tag{10.5}$$

In der statistischen Entscheidungstheorie kommt man natürlich nicht immer mit endlichen Aktionenmengen $\mathfrak{A}$ aus. Eine
präzise Definition der Menge $\mathfrak{A}^*$ bietet grundsätzlich keine
großen Schwierigkeiten, braucht aber doch den begrifflichen
Apparat der Wahrscheinlichkeitstheorie in einem Ausmaß, das
hier recht umständlich wirken würde. Für die meisten Zwecke
genügt es, $\mathfrak{A}^*$ mit der *Menge der einfachen Wahrscheinlichkeitsmaße* zu identifizieren, wie sie in anderem Zusammenhang schon
in Definition 6.1 gegeben wurde.

C. Konstruktion eines neuen Entscheidungsproblems

Nun soll aus dem gegebenen Entscheidungsproblem mit
Aktionenmenge $\mathfrak{A}$, Zustandsraum Θ und Verlustfunktion l
ein neues Entscheidungsproblem konstruiert werden, das bei
gleichem Zustandsraum die Menge $\mathfrak{A}^*$ als Menge der Aktionen
hat. Die Verlustfunktion kann formal wie in § 7 geschrieben
werden.

$$l : \mathfrak{A}^* \times \Theta \longrightarrow \mathbb{R}$$
$$(a^*, \theta) \longmapsto l(a^*, \theta)$$

Wieder sei $l(a^*, \theta)$ der Verlust, welcher eintritt, wenn a^* gewählt wird und θ zutrifft. Es kommt nun darauf an, die Funktionswerte $l(a^*, \theta)$ in geeigneter Weise zu definieren.

Dazu beachten wir, daß bei festem θ (und festgewählter
gemischter Aktion a^*) die Spaltenfunktion $l(\cdot, \theta)$ zu einer
Zufallsgröße wird, die gerade durch jene Wahrscheinlichkeits-
verteilung definiert wird, welche zur Bildung der gemischten
Aktion verwendet wurde. Man *setzt* nun $l(a^*, \theta)$ gleich dem
Erwartungswert der Zufallsgröße $l(\cdot, \theta)$

$$\boxed{l(a^*, \theta) = \mathrm{E}\, l(\cdot, \theta) = \sum \pi_i l(a_i, \theta)} \tag{10.6}$$

Diese *Setzung ist sinnvoll.* Wir hatten ja vorausgesetzt, daß die
Verluste (siehe auch (7.1)) Werte einer kardinalen Nutzenfunktion auf der Menge der Ergebnisse o_{ij} seien. Die Wahrscheinlichkeitsverteilung, welche a* bildet, kann zugleich als Lotterie auf
der Menge der Ergebnisse o_{ij} (j fest) aufgefaßt werden. Die Beziehung (10.6) ist dann nichts anderes als Spezialfall der Lineari-
tätsbeziehung des Erwartungsnutzens, angewendet auf die
„Lotterie" a* (linke Seite von (10.6)) und die „ausgearteten
Lotterien" a_i (rechte Seite von (10.6); siehe auch (10.5)).

Symbolische Schreibweise für gemischte Aktionen. Anstelle
der präzisen, aber etwas umständlichen Schreibweisen (10.4)
bzw. (10.5) soll eine einfachere Notation verwendet werden,
welche an die in Definition 6.2. eingeführte Schreibweise für
Lotterien anschließt.
Sei $\mathfrak{A}$ eine (endliche oder unendliche) Aktionenmenge,
a* ein einfaches Wahrscheinlichkeitsmaß auf $\mathfrak{A}$. $a_1, a_2, \ldots, a_h$
seien gerade die Aktionen, welchen durch a* ein positives
Gewicht π_i zugeordnet wird. Wir schreiben dann

$$a^* = \pi_1 a_1 + \pi_2 a_2 + \ldots + \pi_h a_h$$

und im Falle einer ausgearteten Aktion statt $1 \cdot a_i$ einfach a_i.

Beispiel 10.1. Gegeben sei das Entscheidungsproblem

	θ_1	θ_2	θ_3
a_1	1	5	2
a_2	5	1	2
a_3	4	4	2

Alle Aktionen sind zulässig, die Menge $\mathfrak{A}$ ist also zugleich minimale,
vollständige Klasse.
Wir betrachten nun die gemischte Aktion $a^* = \dfrac{1}{2} a_1 + \dfrac{1}{2} a_2$.
Gemäß (10.6) erhalten wir:

$$l(a^*, \theta_1) = \frac{1}{2} \cdot 1 + \frac{1}{2} \cdot 5 = 3$$

$$l(a^*, \theta_2) = \frac{1}{2} \cdot 5 + \frac{1}{2} \cdot 1 = 3$$

$$l(a^*, \theta_3) = \frac{1}{2} \cdot 2 + \frac{1}{2} \cdot 2 = 2$$

Die gemischte Aktion $\frac{1}{2}\,a_1 + \frac{1}{2}\,a_2$ kann also durch das Tripel (3 3 2) dargestellt werden; man sieht unmittelbar, daß nun die Aktion a_3 streng dominiert wird:

$$a_3 < \frac{1}{2}\,a_1 + \frac{1}{2}\,a_2$$

Durch den Übergang zur Menge der gemischten Aktionen wird also eine ursprünglich zulässige Aktion unzulässig (inadmissibel).

Beispiel 10.2. Wir betrachten nochmals das Schätzproblem mit quadratischer Verlustfunktion (siehe Fig. 10.1). Die zur Schätzung $\hat{\mu} = \mu_i$ gehörigen Verlustfunktionen bilden Parabeln, welche die Abszissenachse in den Punkten μ_0 und μ_1 berühren. Es sei

a_0 die Schätzung $\hat{\mu} = \mu_0$

a_1 die Schätzung $\hat{\mu} = \mu_1$.

Zur gemischten Strategie $\frac{1}{2}\,a_0 + \frac{1}{2}\,a_1$ gehört dann die Verlustfunktion

$$\frac{1}{2}\,c(\mu - \mu_0)^2 + \frac{1}{2}\,c(\mu - \mu_1)^2 = c\left(\mu - \frac{\mu_0 + \mu_1}{2}\right)^2 + c\left(\frac{\mu_0 - \mu_1}{2}\right)^2$$

Geometrisch stellt diese wieder eine Parabel dar, die aus einer ursprünglich gegebenen durch Parallelverschiebung hervorgeht, und zwar so, daß der Scheitel durch den Schnittpunkt der beiden Parabeln $c(\mu - \mu_0)^2$ und $c(\mu - \mu_1)^2$ hindurchgeht.

D. Geometrische Veranschaulichung gemischter Aktionen

Es ist unmittelbar einleuchtend, daß ein Entscheidungsproblem, welches die Menge $\mathfrak{A}^*$ der gemischten Aktionen in den Kreis der Betrachtung einbezieht, nicht mehr in Form einer Verlusttafel konkret angeschrieben werden kann (von trivialen Ausnahmen abgesehen). Um so wichtiger ist die Tatsache, daß im Falle eines endlichen Zustandsraums die in § 8 begonnene geometrische Darstellung auf das Entscheidungsmodell mit gemischten Aktionen ausgedehnt werden kann. Eine Reihe von Begriffen, die aus der geometrischen Darstellung gewonnen werden können, ist überdies von der Endlichkeitsannahme unabhängig.

Ausgangspunkt der geometrischen Darstellung war die Zuordnung von n-tupeln (§ 8) bzw. Zeilenfunktionen (§ 10 A) zu den Aktionen $a \in \mathfrak{A}$. Wir gehen nun zur Menge $\overline{\mathfrak{A}}$ *aller* möglichen Zeilenfunktionen, das heißt, zur Menge aller reellen Funktionen über dem Zustandsraum Θ über. Im Falle

$\Theta = \{\theta_1, \theta_2, \ldots, \theta_n\}$ ist $\overline{\mathfrak{A}}$ mit dem n-dimensionalen Raum $\mathbb{R}^n$ gleichzusetzen.

In der Menge $\overline{\mathfrak{A}}$ der Zeilenfunktionen lassen sich nun zwei Verknüpfungen angeben, eine „Addition" und eine „skalare Multiplikation". Man kann diese beiden Verknüpfungen so definieren.

> *Definition 10.2.* Es seien l, l' Zeilenfunktionen aus $\overline{\mathfrak{A}}$, λ eine reelle Zahl.
> a) *Addition.* Die Summe $l + l'$ zweier Zeilenfunktionen ist gegeben durch die Festsetzung
>
> $$(l + l')\,(\theta) = l(\theta) + l'(\theta) \qquad (10.7)$$
>
> b) *Skalare Multiplikation.* Das skalare Produkt der reellen Zahl λ mit der Zeilenfunktion l ist gegeben durch die Festsetzung
>
> $$(\lambda l)\,(\theta) = \lambda \cdot l(\theta) \qquad (10.8)$$

Man kann nun zeigen: Die Menge $\overline{\mathfrak{A}}$, zusammen mit den durch Definition 10.2. gegebenen Verknüpfungen bildet einen reellen Vektorraum (siehe Anhang A4; für n-tupel wird dort der Beweis ausführlich dargestellt).

Es sei Θ endlich. Es wird dann (siehe (10.2))

$$l(a, \cdot) = (l(a, \theta_1), \ldots, l(a, \theta_n)) \text{ für } a \in \mathfrak{A}.$$

Analog ordnen wir auch der randomisierten Aktion $a^* = \pi_1 a_1 + \ldots + \pi_h a_h$ eine Zeilenfunktion zu:

$$a^* \mapsto l(a^*, \cdot) = (l(a^*, \theta_1), \ldots, l(a^*, \theta_n)) \qquad (10.9).$$

Gemäß der Festsetzung (10.6) erhält man weiter

$$l(a^*, \cdot) = \left(\sum_{i=1}^{h} \pi_i l(a_i, \theta_1), \ldots, \sum_{i=1}^{h} \pi_i l(a_i, \theta_n) \right), \sum_{\substack{i=1 \\ \pi_i \geq 0}}^{h} \pi_i = 1;$$

und wegen der Vektorraumaddition (10.7)

$$= \sum_{i=1}^{h} \pi_i (l(a_i, \theta_1), \ldots, l(a_i, \theta_n))$$

und wieder mit (10.6):

$$l(a^*, \cdot) = \sum_{i=1}^{h} \pi_i l(a_i, \cdot) \qquad (10.10)$$

(10.10) ist die fundamentale Beziehung, welche die Zeilenfunktion $l(a^*, \cdot)$ der gemischten Aktion mit den Zeilenfunktionen $l(a_i, \cdot)$ des ursprünglichen Problems, den „reinen" Aktionen, verknüpft.

Wie stellt sich nun die Beziehung (10.10) im geometrischen
Bild dar? Wegen der Bedingung $\Sigma \pi_i = 1$, $\pi_i \geqslant 0$ wird $l(a^*, \cdot)$
zur konvexen Linearkombination aus den Zeilenfunktionen
der reinen Aktionen, kurz:

> Eine gemischte Aktion ist eine konvexe
> Linearkombination aus reinen Aktionen

Die Menge *aller* konvexen Linearkombinationen aus Zeilen-
funktionen $l(a_i, \cdot)$ ist gleich der Menge aller zu $\mathfrak{A}^*$ gehörigen
Zeilenfunktionen. Identifiziert man wieder Aktionen und
Zeilenfunktionen, so folgt:

> Die Menge $\mathfrak{A}^*$ der gemischten Aktionen ist gleich
> der konvexen Hülle der Menge $\mathfrak{A}$ der reinen Aktionen.

Die hier und im folgenden verwendeten Begriffe und Sätze
über konvexe Linearkombinationen und konvexe Körper sind
im Anhang A5 zusammengestellt.

Wie bequem im Falle $n = 2$ sich die Menge $\mathfrak{A}^*$ als konvexe
Hülle bestimmen läßt, sei in der folgenden Abbildung verdeut-
licht:

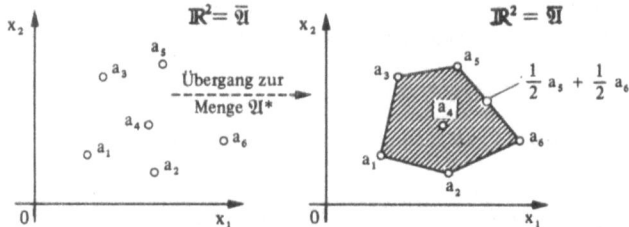

Fig. 10.2. Darstellung der Menge $\mathfrak{A}$ als Menge diskreter Punkte, der Menge $\mathfrak{A}^*$ als konvexes
Polygon und der Menge $\overline{\mathfrak{A}}$ als gesamter Koordinatenebene

Eine geometrische Charakterisierung des Entscheidungsproblems muß genaugenommen durch den Begriff der *Verlust-
menge* $\mathfrak{S}$ geschehen. Man definiert die Verlustmenge $\mathfrak{S}$ in folgender Weise:

$$\mathfrak{S} = \{(x_1, \ldots, x_n)| \, l(a, \theta_1) = x_1, \ldots, l(a, \theta_n) = x_n$$
$$\text{mit } a \in \mathfrak{A}^*\}$$

also als die Menge aller Punkte in $\mathbb{R}^n$, die den Zeilenfunktionen
des Entscheidungsproblems entsprechen.

Der Unterschied zur Menge $\mathfrak{A}^*$ beruht nur darauf, daß derselbe Punkt des $\mathbb{R}^n$ durch mehrere (äquivalente) Aktionen mit den gleichen Verlusten belegt sein kann. Diese „Mehrfachzählungen" fallen in der Menge $\mathfrak{S}$ weg. Vor allem für Begriffsbildungen, die direkt an das geometrische Bild anknüpfen, ist es oft bequemer mit der Menge $\mathfrak{S}$ zu arbeiten.

In gleicher Weise definiert man auch für die Regrettafel die *Risikomenge* $\mathfrak{R}$:

$$\mathfrak{R} = \{(x_1, \ldots, x_n) | \; r(a, \theta_1) = x_1 \ldots, r(a, \theta_n) = x_n$$
$$\text{mit } a \in \mathfrak{A}^* \}.$$

E. Anwendung gemischter Aktionen

a) Minimax-Aktionen in der Menge der gemischten Aktionen

Bei Anwendung der Minimax-Regel kann das Entscheidungsproblem $\mathfrak{A}^* \times \Theta$ unter Umständen zu besseren Ergebnissen führen als das nicht-randomisierte Problem $\mathfrak{A} \times \Theta$. Wir zeigen dies an Hand des Ausflugsproblems (Beispiel 2 aus § 1):

Verlusttafel des
Ausflugsproblems

	θ_1	θ_2
a_1	0	10
a_2	2	7
a_3	8	2

Regrettafel des
Ausflugsproblems

	θ_1	θ_2
a_1	0	8
a_2	2	5
a_3	8	0

Die graphische Ermittlung der Minimax-Aktionen kann im Falle zweier Zustände (wie hier) unmittelbar in der Zeichenebene mit der Technik des „Heranschiebens" der Menge $Q(v)$ an die Menge $\mathfrak{A}^*$, also die konvexe Hülle der Menge $\mathfrak{A} = \{a_1, a_2, a_3\}$ geschehen.

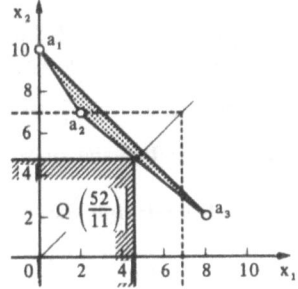

Fig. 10.3.a.
Ermittlung der Minimax-Verlust Aktion

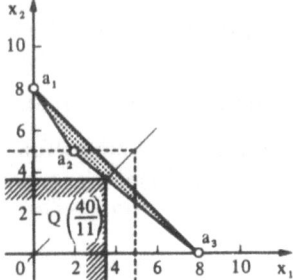

Fig. 10.3 b.
Ermittlung der Minimax-Regret-Aktion

Aus den Zeichnungen ist zweierlei ersichtlich:

– daß sowohl für die Verlust-, als auch für die Regrettafel die Minimax-Aktion auf der Verbindungsstrecke von a_2 und a_3 liegt.

– die Verluste (Regrets) der Minimax-Aktion sind für beide Zustände gleich: $l(a^*, \theta_1) = l(a^*, \theta_2)$ und $r(a^*, \theta_1) = r(a^*, \theta_2)$. Man spricht in einem solchen Fall von einer „equalizer-Aktion".

Das Mischungsverhältnis der Aktionen a_2, a_3 kann man demnach durch den Ansatz

$$\pi_2 a_2 + \pi_3 a_3 = (M, M)$$
$$\pi_2 + \pi_3 = 1 \hspace{3cm} (10.11)$$

bestimmen. Wir erhalten für die Verlusttafel:

$$\pi_2(2, 7) + \pi_3(8, 2) = (2\pi_2 + 8\pi_3, 7\pi_2 + 2\pi_3)$$

Die Verlustkomponenten des gemischten Vektors sind gleich:

$$2\pi_2 + 8\pi_3 = 7\pi_2 + 2\pi_3$$

Zusammen mit $\pi_2 + \pi_3 = 1$ erhält man die Lösung

$$\pi_2 = \frac{6}{11} \qquad \pi_3 = \frac{5}{11}$$

Die Minimax-Verlustaktion kann in zweifacher Weise dargestellt werden, und zwar als *Wahrscheinlichkeitsmaß auf* $\mathfrak{A}$:

$$a^* = \begin{bmatrix} a_1 & a_2 & a_3 \\ 0 & \dfrac{6}{11} & \dfrac{5}{11} \end{bmatrix}$$

oder in Form einer *Zeilenfunktion* (bzw. eines Zeilenvektors):

$$a^* = \left(\frac{52}{11}, \quad \frac{52}{11} \right).$$

Der strichliert gezogene Winkel in Fig. 10.3a) zeigt, daß die Minimax-Aktion für das nichtrandomisierte Problem a_2 ist, der Minimax-Verlustwert $M = 7$. Die Differenz $7 - \dfrac{52}{11} = \dfrac{25}{11}$ gibt die erzielte Verbesserung an, die durch Übergang zu gemischten Aktionen hier erzielbar ist.

Analog löst man das Problem für die Regrettafel. Man erhält dann:

$$\pi_2 = \frac{8}{11} \qquad \pi_3 = \frac{3}{11}$$

die Minimax-Regret-Aktion wird

$$a^* = \begin{bmatrix} a_1 & a_2 & a_3 \\ 0 & \dfrac{8}{11} & \dfrac{3}{11} \end{bmatrix} \quad \text{oder} \cdot a^* = \left(\dfrac{40}{11}, \dfrac{40}{11} \right)$$

Die Minimax-Aktion im Falle des nichtrandomisierten Problems ist a_2, der zugehörige Regretwert ist dann $M' = 5$, die Ersparnis durch Übergang zur Menge der gemischten Aktionen beträgt

$$5 - \frac{40}{11} = \frac{15}{11}.$$

Nicht immer müssen Minimax-Aktion auch equalizer-Aktionen sein; dies zeigt etwa das Beispiel der folgenden Verlusttafel (Fig. 10.4)

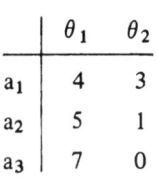

	θ_1	θ_2
a_1	4	3
a_2	5	1
a_3	7	0

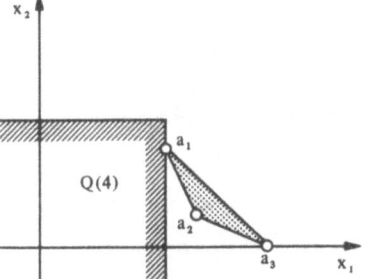

Fig. 10.4. Entscheidungsproblem mit reiner
Minimax-Aktion

Die Minimax-Aktion ist hier a_1, und zwar sowohl in bezug auf die Menge $\mathfrak{A}$ als auch auf die Menge $\mathfrak{A}^*$ der gemischten Aktionen. Es ist unmittelbar zu sehen, daß keine Mischung der Aktionen eine equalizer-Aktion sein kann, weil die Menge $\mathfrak{A}^*$ nicht von der Geraden $g : x_1 = x_2$ getroffen wird.

Man bemerkt aber die folgende interessante Tatsache: Würde man das Entscheidungsproblem „umkehren" in dem Sinn, daß θ_1 und θ_2 als Aktionsmöglichkeiten einer Person, die Zahlen in der Tafel als Gewinne und a_1, a_2, a_3 als Zustände, so könnte man eine Dominanzrelation feststellen: Die „Aktion" θ_1 dominierte dann streng die „Aktion" θ_2, da ja für jedes a_i gilt, daß der zu θ_1 gehörige Gewinn größer ist als der zu θ_2 gehörige Gewinn. Diese Betrachtungsweise, welche einen Rollentausch von Aktionen und Zuständen einschließt, ist ein Hinweis auf Zusammenhänge mit der Theorie der Zwei-Personen-Nullsummenspiele, die auch an anderen Stellen (Bayes-Aktionen) sichtbar werden.

Es bleibt die Frage: Wann sind equalizer-Aktionen Minimax-Aktionen? Ein Kriterium wird später (siehe Satz 11.5.) im Zu-

sammenhang mit der Betrachtung von Bayes-Aktionen angegeben. Die effektive Bestimmung von Minimax-Aktionen wird
jedoch im allgemeinen auch im Falle einer endlichen Menge Θ
eine recht langwierige Aufgabe dann, wenn die Zahl der Zustände größer als zwei wird. Wiederum ist bezüglich geeigneter
Techniken für die Auffindung von Minimax-Aktionen auf die
Theorie der Zwei-Personen-Nullsummenspiele zu verweisen.

b) Bayes-Aktionen in der Menge der gemischten Aktionen

Der Begriff der Bayes-Aktion stützte sich auf eine Bewertung der Zustände θ_j und einen daraus abgeleiteten ,,Erwar-
tungswert'' $\varphi(a_i)$, der jeder Aktion $a_i \in \mathfrak{A}$ zugeordnet wird:

$$\varphi(a_i) = \sum_{j=1}^{n} p_j l(a_i, \theta_j) \qquad (10.12)$$

Dieser Erwartungswert kann nun auch für gemischte Aktionen
definiert werden. Es sei

$$a^* = \begin{bmatrix} a_1, \ldots, a_h \\ \pi_1, \ldots, \pi_h \end{bmatrix}$$

und gemäß (10.6):

$$l(a^*, \theta_j) = \sum_{i=1}^{h} \pi_i l(a_i, \theta_j)$$

$\varphi(a^*)$ wird nun analog (10.12) festgesetzt:

$$\varphi(a^*) = \sum_{j=1}^{n} p_j l(a^*, \theta_j) \qquad (10.13)$$

Aus (10.13) folgt die Darstellung von $\varphi(a^*)$ als Doppelsumme:

$$\varphi(a^*) = \sum_{i=1}^{h} \sum_{j=1}^{n} \pi_i p_j l(a_i^*, \theta_j) \qquad (10.14)$$

Im Gegensatz zu den Minimax-Aktionen kann man im Bereich
der Bayes-Aktionen keine Verbesserung erzielen, wenn man von
der Menge der reinen Aktionen $\mathfrak{A}$ zur Menge der randomisierten
Aktionen $\mathfrak{A}^*$ übergeht. Dies wird ausgedrückt im

> *Satz 10.1.* Existiert eine gemischte Bayes-Aktion, so gibt es
> zugleich eine nichtrandomisierte (reine) Aktion, die zur glei-
> chen Bewertung Bayes-Aktion ist.

Die praktische Konsequenz dieses Satzes ist: Auf der Suche
nach einer Bayes-Aktion zu vorgegebener Bewertung braucht
man sich nur auf die Menge $\mathfrak{A}$ zu beschränken. Jedenfalls findet
man dort im Falle eines endlichen $\mathfrak{A}$ mindestens eine Bayes-
Aktion zu vorgegebener Bewertung.

Beweis des Satzes 10.1: Angenommen, es sei $a^* = \begin{bmatrix} a_1 & \cdots, & a_h \\ \pi_1, & \ldots, & \pi_h \end{bmatrix}$

Bayes-Aktion zur Bewertung $(p_1, \ldots, p_n)$. Es ist

$$\varphi(a^*) = \sum_{i=1}^{h} \sum_{j=1}^{n} \pi_i p_j l(a_i^*, \theta_j) = \sum_{i=1}^{h} \pi_i \sum_{j=1}^{n} (p_j l(a_i^*, \theta_j))$$

$$= \sum_{i=1}^{h} \pi_i \varphi(a_i) \text{ mit } \pi_i \geqslant 0, \Sigma \pi_i = 1 \qquad (10.15)$$

Angenommen, keine der Aktionen a_i, $i = 1, \ldots, h$ wäre Bayes-
Aktion. Dann gälte

$$\varphi(a^*) < \varphi(a_i) \qquad i = 1, \ldots, h$$

Daraus folgt

$$\varphi(a^*) < \sum_{i=1}^{h} \pi_i \varphi(a_i)$$

im Widerspruch zu (10.15). Also muß für mindestens ein
$i_0 \in \{1, \ldots, h\}$ gelten: $\varphi(a^*) = \varphi(a_{i_0})$ und somit ist auch a_{i_0}
Bayes-Aktion ∎

§ 11. Einige weitere Sätze über Minimax- und Bayes-Aktionen

Die hier gegebenen Sätze behandeln alle im wesentlichen
die Frage, wann Minimax- bzw. Bayes-Aktionen zulässig sind.
Die Beweise für diese Sätze sind von recht unterschiedlichem
Schwierigkeitsgrad; sie sollen daher nur dann gegeben werden,
wenn sie mit den einfachen Hilfsmitteln, die uns hier zur Ver-
fügung stehen, auskommen. Für Ergänzungen sei auf das Buch
F e r g u s o n (1967) verwiesen, in dessen 2. Kapitel sich wei-
tere, hierher gehörige Begriffsbildungen, Sätze und die fehlenden
Beweise finden.
    Wir beginnen mit einem Satzpaar über zulässige Aktionen und
Bayes-Aktionen, das für *endlichen* Zustandsraum gültig ist.

Satz 11.1. Es sei $\Theta = \{\theta_1, \ldots, \theta_n\}$ und $a \in \mathfrak{A}$ Bayes-Aktion zur Bewertung $(p_1, \ldots, p_n)$ mit $p_j > 0$ für alle $j \in J$.
Dann gilt: α) a ist zulässig

β) a bleibt auch zulässig beim Übergang zur Menge $\mathfrak{A}^*$ der gemischten Aktionen

Beweis: ad α). Angenommen, a sei nicht zulässig. Dann gibt es eine Aktion $a' \in \mathfrak{A}$, sodaß

$$l(a', \theta_j) \leqslant l(a, \theta_j) \qquad \text{für alle } j \in J$$

$$l(a', \theta_j) < l(a, \theta_j) \qquad \text{für mindestens ein } j \in J.$$

Es sei also $j_0 \in J$ ein Index für den

$$l(a', \theta_{j_0}) < l(a, \theta_{j_0}) \tag{11.1}$$

zutrifft. Dann erhalten wir

$$\sum_{j \in J} p_j [l(a, \theta_j) - l(a', \theta_j)] \geqslant p_{j_0}[l(a, \theta_{j_0}) - l(a', \theta_{j_0})] > 0$$

$$\text{wegen (11.1)}$$

da von der linksstehenden Summe nur nichtnegative Summanden weggelassen werden. Weiter folgt aus der letzten Ungleichung

$$\sum_{j \in J} p_j l(a, \theta_j) > \sum_{j \in J} p_j l(a', \theta_j)$$

oder: $\qquad \varphi(a) > \varphi(a') \tag{11.2}$

Die Beziehung (11.2) steht aber im Widerspruch zur Annahme, daß a Bayes-Aktion zur Bewertung $(p_1, \ldots, p_n)$ sei.

ad β) Angenommen, es gäbe ein $a^* \in \mathfrak{A}^*$ mit $a \prec a^*$. Genau wie im Beweis des Teils α) leitet man aus $a \prec a^*$ und $p_j > 0$ für alle $j \in J$ die Beziehung

$$\varphi(a) > \varphi(a^*) \tag{11.3}$$

her. Da a^* gemischte Aktion ist, können wir schreiben

$$a^* = \pi_1 a_1 + \ldots + \pi_h a_h \quad \text{mit } a_i \in \mathfrak{A}, i = 1, \ldots, h.$$

Daraus folgt wie in (10.15):

$$\varphi(a^*) = \sum_{i=1}^{h} \pi_i \varphi(a_i) \tag{11.4}$$

Die a in reinen Aktionen Bayes-Aktion ist, gilt

$$\varphi(a) \leqslant \varphi(a_i) \qquad \text{für} \quad i = 1, \ldots, h \qquad (11.5)$$

Aus (11.4) und (11.5) folgt:

$$\varphi(a) = \sum_{i=1}^{h} \pi_i \varphi(a) \leqslant \sum_{i=1}^{h} \pi_i \varphi(a_i) = \varphi(a^*)$$

oder: $\qquad\qquad \varphi(a) \leqslant \varphi(a^*)$.

Dies ergibt jedoch einen Widerspruch zu (11.3). Damit ist die strenge Dominanzbeziehung $a \prec a^*$ nicht möglich. ■

Die Bedingung $p_j > 0$ für alle $j \in J$ ist wesentlich. Wir zeigen dies an den folgenden numerischen Gegenbeispielen:

Beispiel 11.1. ad α) Gegeben sei die Verlusttafel

	θ_1	θ_2	θ_3
a_1	2	2	1
a_2	2	2	2
a_3	0	5	2

und die Bewertung $\left(\dfrac{1}{2}, \dfrac{1}{2}, 0\right)$. Die Erwartungswerte zu dieser Bewertung sind: $\varphi(a_1) = 2$, $\varphi(a_2) = 2$, $\varphi(a_3) = 2\dfrac{1}{2}$. Bayes-Aktionen sind die beiden Aktionen a_1, a_2. Wie man leicht nachrechnet, sind sie auch Minimax-Verlustaktionen.

Die Aktion a_2 wird von a_1 streng dominiert, ist also nicht zulässig.

ad β) Nun betrachten wir die Verlusttafel

	θ_1	θ_2	θ_3
a_1	2	2	3
a_2	1	3	2
a_3	3	1	2

mit der Bewertung $\left(\dfrac{1}{2}, \dfrac{1}{2}, 0\right)$. Die Aktion a_1 ist Bayes-Aktion zu dieser Bewertung und zulässig. Es gilt: $\varphi(a_1) = \varphi(a_2) = \varphi(a_3) = 2$. Die gemischte Aktion $a^* = \dfrac{1}{2} a_2 + \dfrac{1}{2} a_3$, als Zeilenvektor $a^* = (2, 2, 2)$ dominiert jedoch die Aktion a_1 streng.

Das Beispiel 11.1 zeigt, daß es Bayes-Aktionen, aber auch Minimax-Aktionen gibt, die nicht zulässig sind.

Als nächstes sei ein Satz angeführt, der in gewisser Weise als Umkehrung von Satz 11.1 aufgefaßt werden kann.

Satz 11.2. Es sei Θ endlich und a zulässige Aktion in der Menge der randomisierten Aktionen 𝔄*. Dann gibt es eine Bewertung, für die a Bayes-Aktion ist.

Der Beweis dieses Satzes benutzt schwierigere Hilfsmittel der konvexen Analysis, wie das Trennungstheorem für konvexe Körper, wir begnügen uns daher mit einem Verweis auf *F e r g u s o n* (1967), S. 86 f.

Das Beispiel der Schätzung des Mittelwertes μ einer Normalverteilung (siehe Beispiel 4, § 1 und Fig. 10.1) zeigt, daß in der statistischen Entscheidungstheorie häufig mit Zustandsräumen Θ gearbeitet wird, die ein Intervall sind, ja mit der Menge der reellen Zahlen selbst zusammenfallen. Es besteht das Bedürfnis nach einem Zulässigkeitskriterium analog zu Satz 11.1, Teil α).

Ist Θ = ℝ oder ein reelles Intervall, so kann als Analogon zur diskreten Bewertung $(p_1, \ldots, p_n)$ eine Dichtefunktion $f(\theta)$ genommen werden; der Erwartungswert $\varphi(a)$ wird dann als Integral berechnet

$$\varphi(a) = \int l(a, \theta)\, f(\theta)\, d\theta$$

Ein „stetiges" Analogon zu Satz 11.1 bildet dann

Satz 11.3. Es sei Θ = ℝ, die Dichte $f(\theta) > 0$ für alle $\theta \in$ ℝ. Ist die Aktion a Bayes-Aktion zur Bewertung $f(\theta)$ und $l(a, \theta)$ eine *stetige Funktion von* θ, so ist a auch zulässig.

Auf einen ausführlichen Beweis des Satzes sei hier verzichtet; er kann durch direkte Übertragung des Beweises von Satz 11.1, Teil α) gewonnen werden.

In den Sätzen 11.1 bis 11.3 sind Zusammenhänge verschiedener Art zwischen Bayes-Aktionen und zulässigen Aktionen zum Ausdruck gekommen. Der folgende Satz, oft als „Complete Class Theorem" bezeichnet, kann als eine zentrale Aussage auf diesem Gebiet angesehen werden. Nachstehend sei − ohne Beweis − eine Formulierung dieses Satzes gegeben, die allerdings zwei weitere, im Anhang A6 erklärte Begriffe benötigt.

Satz 11.4. Hauptsatz über Bayes-Aktionen (Complete Class Theorem). Es sei Θ endlich, die Verlustmenge ℭ von unten beschränkt und von unten abgeschlossen. Dann ist die Menge aller Bayes-Aktionen vollständig, die zulässigen Bayes-Aktionen bilden eine minimale vollständige Klasse.

Natürlich hat man sich bemüht, diesen Satz ebenfalls auf allgemeinere Zustandsmengen auszudehnen; man hat dann zusätzliche Bedingungen für die Verlustfunktionen $l(a, \theta)$ einzuführen. Für weitere Aussagen in dieser Richtung siehe wieder *F e r - g u s o n* (1967), S. 86 f.

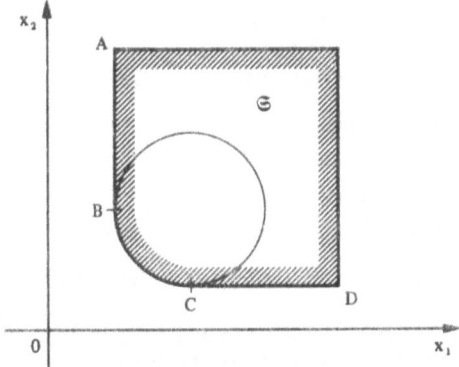

Fig. 11.1. Illustration zum Complete Class Theorem

Beispiel 11.2. Gegeben sei die in Fig. 11.1 dargestellte Verlustmenge $\mathfrak{S}$. Die Bayes-Aktionen werden durch die Randlinie ABCD gebildet, die sich aus den Geradenstücken AB und CD sowie dem Viertelkreisbogen BC zusammensetzt. Man sieht unmittelbar:

– jeder Punkt aus $\mathfrak{S}$, der nicht zur Randlinie ABCD gehört, wird von einem der Punkte dieser Linie streng dominiert.
- die Punkte des Viertelkreises BC (die Punkte B, C eingeschlossen) bilden eine minimale vollständige Klasse
– alle Punkte des Randes ABCD sind Bayes-Aktionen.

Abschließend sei kurz auf die Frage eingegangen, wie die Begriffe ,,equalizer-Aktion'' und ,,Minimax-Aktion'' zusammenhängen und wie diese Zusammenhänge für die Auffindung von Minimax-Aktionen benutzt werden können. Dazu

Satz 11.5.a) Ist eine equalizer-Aktion Bayes-Aktion, so ist sie auch Minimax-Aktion.
b) Ist eine equalizer-Aktion zulässig, so ist sie auch Minimax-Aktion.

Beweis: ad a) Für jede Aktion $a_i \in \mathfrak{A}$ gilt, daß das Maximum der Zeilenfunktion nicht kleiner sein kann als der Erwartungswert $\varphi(a_i)$ zu einer beliebigen Bewertung:

$$\max_{j \in J} \; l(a_i, \theta_j) \geqslant \varphi(a_i) \tag{11.6}$$

Ist a_i equalizer-Aktion, also $l(a_i, \theta_j) = C$, so geht sogar

$$\max_{j \in J} \; l(a_i, \theta_j) = \varphi(a_i) \tag{11.7}$$

Wäre nun a_i nicht Minimax-Aktion, so gäbe es eine Aktion a mit

$$\max_{j \in J} l(a, \theta_j) < \max_{j \in J} \; l(a_i, \theta_j) \tag{11.8}$$

Wegen (11.6) und (11.7) folgt

$$\varphi(a) \leqslant \max_{j \in J} \; l(a, \theta_j) < \max_{j \in J} l(a_i, \theta_j) = \varphi(a_i)$$

oder

$$\varphi(a) < \varphi(a_i)$$

im Widerspruch zur Annahme, daß a_i Bayes-Aktion sei.

ad b) Es sei a_i equalizer-Aktion und zulässig. Wäre sie nicht Minimax-Aktion, so gäbe es eine Aktion a mit der Eigenschaft

$$C = l(a_i, \theta_j) = \max_{j \in J} \; l(a_i, \theta_j) > \max_{j \in J} l(a, \theta_j)$$

das heißt, daß sogar

$$l(a_i, \theta_j) > l(a, \theta_j) \quad \text{für alle} \quad j \in J$$

wäre, im Widerspruch zur Annahme, daß a_i zulässig sei. ∎

Wenn man an Minimax-Aktionen interessiert ist, kann man also so vorgehen: Oft lassen sich Bayes-Aktionen relativ leicht charakterisieren. Gelingt es, unter den Bayes-Aktionen eine equalizer-Aktion zu finden, so hat man damit auch eine Minimax-Aktion erhalten. Natürlich bringt diese Technik bei einfachen Entscheidungsproblemen mit endlichen Zustands- und Aktionenmengen kaum Vorteile; verwendet man jedoch die Entscheidungsfunktionen der statistischen Entscheidungstheorie, kann der Umweg über Bayes-Aktionen unter Umständen Vereinfachungen bringen.

Es sei noch bemerkt, daß die Umkehrung des Satzes 11.5 nicht möglich ist: Ist eine equalizer-Aktion zugleich Minimax-Aktion, so braucht sie weder Bayes-Aktion noch zulässig zu sein, wie das einfache Beispiel

	θ_1	θ_2
a_1	1	1
a_2	1	0

lehrt: a_1 ist Minimax-Verlust-Aktion und equalizer-Aktion, wird jedoch von a_2 streng dominiert und für die Bewertung $\left(\dfrac{1}{2}, \dfrac{1}{2}\right)$ gilt:

$$\varphi(a_1) = 1 \qquad \varphi(a_2) = \frac{1}{2} \qquad ,$$

Bayes-Aktion ist also a_2.

III. Hauptteil: Entscheidungsfunktionen

§ 12. Grundbegriffe und Beispiele

Nun werden *Zufallsexperimente* explizit in das Entscheidungsproblem einbezogen. Diese Zufallsexperimente sollen — zumindest partiell — Auskünfte über die Zustände θ geben. Wenn ein Zufallsexperiment überhaupt Hilfe für das Entscheidungsproblem bieten soll, so müssen ganz offensichtlich zwei Dinge ins Spiel kommen:

— die Ausgänge des Zufallsexperiments müssen irgendwie von den Zuständen θ abhängen
— die Informationen, die das Zufallsexperiment bringt, müssen in geeigneter Weise verarbeitet werden.

Der erstgenannte Aspekt führt zum Begriff des von θ abhängigen Zufallsexperiments, der zweite zum Begriff der Entscheidungsfunktion. In diesem Abschnitt sollen diese Gedanken formal und präzise, dabei möglichst einfach dargestellt werden; aus diesem Grund seien zunächst alle auftretenden Mengen als endlich vorausgesetzt.

In einem kurzen Einschub sei an dieser Stelle das mathematische Modell des Zufallsexperimentes resumiert. Für das Verständnis der wesentlichen Züge des Begriffes „Entscheidungsfunktion" genügen einige wenige Ergebnisse, die im Anschluß an die nachstehende Übersicht nocheinmal herausgehoben werden.

Zufallsexperimente werden abstrakt durch *Wahrscheinlichkeitsfelder* beschrieben: Ein Wahrscheinlichkeitsfeld ist ein Tripel $(\Omega, \mathfrak{F}, P)$, bestehend aus

— dem *Stichprobenraum* Ω, der Menge aller Resultate ω des Zufallsexperiments
— einer *Ereignismenge* $\mathfrak{F}$, bestehend aus den Teilmengen des Stichprobenraumes, die als Ereignisse anerkannt werden. $\mathfrak{F}$ bilde eine *σ-Algebra*, d. h. sei abgeschlossen gegenüber den Operationen der Komplementbildung und der Vereinigung von abzählbar unendlich vielen Mengen
— einem *Wahrscheinlichkeitsmaß* P auf der Ereignismenge $\mathfrak{F}$; dieses

Maß genüge den Gesetzen der Wahrscheinlichkeitsrechnung, die sich aus den Axiomen von K o l m o g o r o v[21] herleiten lassen.

Wir nehmen nun an, daß das Wahrscheinlichkeitsmaß P vom Zustand θ abhängt, oder anders ausgedrückt, daß jedem Zustand θ ein Wahrscheinlichkeitsmaß zugeordnet wird:

$$\theta \mapsto P_\theta$$

Ohne Beschränkung der Allgemeinheit können wir weiter annehmen, daß der Zustandsraum Ω und die Ereignismenge $\mathfrak{F}$ für alle Zustände von θ unabhängig, das heißt, gemeinsam für alle Zustände genommen werden können.

Es ist günstig, in der Entscheidungstheorie von vornherein alles in der Ausdrucksweise von *Zufallsgrößen* zu formulieren, das heißt: Die relevanten Informationen werden als Realisationen von allgemeinen Zufallsgrößen X, Y, Z, ... angesehen. Eine Zufallsgröße wird bekanntlich als (meßbare) Abbildung

$$X : \Omega \to \mathfrak{X}$$

des Stichprobenraumes in eine Menge $\mathfrak{X}$ beschrieben. Beim üblichen Begriff der Zufallsgröße identifiziert man $\mathfrak{X}$ mit der Menge $\mathbf{R}$ der reellen Zahlen und kommt dann zum Begriff der Verteilung einer Zufallsgröße mit allen damit zusammenhängenden Konstruktionen wie Erwartungswerte, Momente, etc. Hier sei $\mathfrak{X}$ als eine beliebige endliche Menge von möglichen Realisationen aufgefaßt

$$\mathfrak{X} = \left\{ x_1, x_2, \ldots, x_s \right\}$$

Als *Wahrscheinlichkeitsfunktion* von X bezeichnet man die Wahrscheinlichkeiten

$$P\left\{ \omega | X(\omega) = x_k \right\} = P\left\{ X = x_k \right\} = w_k \qquad (12.1)$$
$$k = 1, \ldots, s$$

Die Abhängigkeit von θ wirkt sich nun so aus, daß zu jedem θ eine Wahrscheinlichkeitsfunktion gehört:

$$\theta \mapsto (P\{X = x_1 | \theta\}, P\{X = x_2 | \theta\}, \ldots, P\{X = x_s | \theta\})$$

Diese Zuordnung wird in der Symbolik der bedingten Wahrscheinlichkeit ausgedrückt. Daß man tatsächlich die Rechengesetze für bedingte Wahrscheinlichkeiten anwenden kann, ist als Zusatzannahme einzuführen, die bei der Auffindung von Bayes-Aktionen von Bedeutung sein wird.

Anmerkung. Man beachte, daß bei der vollständigen Ausbildung des Entscheidungsproblems mindestens *drei* verschiedene Wahrscheinlichkeitsfelder eine Rolle spielen können: Bei der Randomisierung von Aktionen, bei der Bewertung der Zustände und schließlich bei der Informationsverwertung im Rahmen der Entscheidungsfunktion.

21 Es seien A, A_1, A_2, ... Ereignisse aus $\tilde{\mathfrak{O}}$. Die Axiome von K o l - m o g o r o v fordern:
  a) $P(\Omega) = 1$
  b) $P(A) \geqslant 0$
  c) $P(A_1 \cup A_2 \cup \ldots) = P(A_1) + P(A_2) + \ldots$, wenn $A_i A_j = \varphi$
     für $i \neq j$.

Was von dem oben beschriebenen theoretischen Rüstzeug zunächst tatsächlich gebraucht wird, sei hier nocheinmal zusammengefaßt: Dem Entscheidungsproblem wird ein Zufallsexperiment (bzw. eine Zufallsgröße X) zugeordnet, dessen Resultate (bzw. Realisationen) durch die Menge

$$\mathfrak{X} = \{x_1, x_2, \ldots, x_s\}$$

gegeben seien. Die Wahrscheinlichkeit einer Beobachtung x_k, $k = 1, \ldots, s$ hänge vom Zustand $\theta_j, j = 1, \ldots, n$ ab. Dadurch erhalten wir eine Tabelle von „bedingten" Wahrscheinlichkeiten:

	x_1	x_2	$\ldots$	x_s	Quer-summe
θ_1	$P\{X = x_1\|\theta_1\}$	$P\{X = x_2\|\theta_1\}$	$\ldots$	$P\{X = x_s\|\theta_1\}$	1
θ_2	$P\{X = x_1\|\theta_2\}$	$P\{X = x_2\|\theta_2\}$	$\ldots$	$P\{X = x_s\|\theta_2\}$	1
$\vdots$	$\vdots$	$\vdots$	$\vdots$	$\vdots$	$\vdots$
θ_n	$P\{X = x_1\|\theta_n\}$	$P\{X = x_2\|\theta_n\}$	$\ldots$	$P\{X = x_s\|\theta_n\}$	1

Im folgenden schreiben wir jedoch, um die Formeln einfacher zu gestalten, meist kurz:

$$P\{X = x_k|\theta_j\} = P(x_k|\theta_j)$$

Einige Beispiele sollen nun das Gesagte verdeutlichen.

Beispiel 12.1. Das Röntgentestbeispiel (3. Beispiel aus § 1).
Das Entscheidungsproblem war gegeben durch die *Verlusttafel:*

	θ_1	θ_2
a_1	0	40
a_2	10	10

mit den Aktionen $a_1, \ldots$ keine Behandlung
$a_2, \ldots$ Behandlung
den Zuständen $\theta_1, \ldots$ Person gesund
$\theta_2, \ldots$ Person krank.

Das *Zufallsexperiment* besteht in der Ausführung eines *Röntgentests*; die Ergebnismenge ist

$$\mathfrak{X} = \{x_1, x_2\} \text{ mit } x_1 \ldots \text{ Test weist auf Gesundheit hin}$$
$$x_2 \ldots \text{ Test weist auf Krankheit hin}$$

Die *Eigenschaften des Röntgentests* sind in der Tabelle

	x_1	x_2
θ_1	0,95	0,05
θ_2	0,02	0,98

zusammengefaßt.

Beispiel 12.2. Das Ausflugsbeispiel (2. Beispiel aus § 1).
Das Entscheidungsproblem war gegeben durch die *Verlusttafel:*

	θ_1	θ_2
a_1	0	10
a_2	2	7
a_3	8	3

mit den Aktionen

a_1 ... leichte Bekleidung mitnehmen

a_2 ... Regenschirm mitnehmen

a_3 ... wetterfeste Bekleidung mitnehmen

den Zuständen

θ_1 ... schönes Wetter

θ_2 ... Regen.

Das *Zufallsexperiment* besteht in der *Beobachtung eines Barometers,* die Ergebnismenge ist

$$\mathfrak{X} = \{x_1, x_2, x_3\} \text{ mit } x_1 \dots \text{Barometer steigt}$$
$$x_2 \dots \text{Barometer bleibt gleich}$$
$$x_3 \dots \text{Barometer fällt}$$

Die *Eigenschaften der Barometerbeobachtung* sind in der Tabelle

	x_1	x_2	x_3
θ_1	0,70	0,20	0,10
θ_2	0,20	0,30	0,50

zusammengefaßt.

Für später betrachten wir zum Vergleich noch die Beobachtung eines *„einfachen" Barometers,* das nur Fallen und Steigen des Luftdrucks anzeige; die dem Ergebnis „gleichbleibend" zugeordneten Wahrscheinlichkeiten mögen den beiden extremen Möglichkeiten zugeordnet werden. Das Zufallsexperiment hat nun die Ergebnismenge $\mathfrak{X} = \{x_1, x_2\}$ mit der Tabelle:

	x_1	x_2
θ_1	0,80	0,20
θ_2	0,35	0,65

x_1 ... Barometer steigt

x_2 ... Barometer fällt

Beispiel 12.3. Prüfung einer Münze. Es soll getestet werden, ob eine Münze unverfälscht sei. Der Münzwurf werde wie üblich durch die Seiten W: „Wappen" und Z: „Zahl" beschrieben und wir setzen: $P(W) = p$, $P(Z) = q$ mit $p + q = 1$. Es sei nun die einfachste Sachlage angenommen, nämlich, daß nur zwei Zustände möglich seien: seien:

das bedeute:

θ_1 ... die Münze ist unverfälscht $\quad p = \dfrac{1}{2} \qquad q = \dfrac{1}{2}$

θ_2 ... die Münze ist zugunsten von „Wappen" verfälscht $\quad p = \dfrac{3}{4} \qquad q = \dfrac{1}{4}$

Als *Aktionen* fassen wir ins Auge:

    a_1 ... Entscheidung für die Hypothese θ_1 (Unverfälschtheit)

    a_2 ... Entscheidung für die Hypothese θ_2 (Verfälschung der Münze)

Die *Verlusttafel* sei

	θ_1	θ_2
a_1	0	3
a_2	1	0

Sie kann auch als Regrettafel aufgefaßt werden: Es werden nur die Verluste einer *Fehlentscheidung* in Betracht gezogen.

    Das erkundende *Zufallsexperiment* bestehe im dreimaligen Werfen der fraglichen Münze. Die relevante Zufallsgröße sei

    X ... die Anzahl der Wappen

die Ergebnismenge ist dann

$$\mathfrak{X} = \{0, 1, 2, 3\}$$

Die Verteilung von X wird durch die Binomialverteilung beschrieben:

$$P\{X = k \mid p\} = \binom{n}{k} p^k q^{n-k}, \ k = 0, \ldots, n \tag{12.2}$$

wobei in diesem speziellen Fall $n = 3$, den drei Würfen entsprechend, zu setzen ist. Der Zusammenhang des Münzwurfexperiments mit dem Entscheidungsproblem ist nun durch die aus (12.2) zu gewinnende Tabelle

	0	1	2	3
$p = \dfrac{1}{2} \leftrightarrow \theta_1$	$\dfrac{1}{8}$	$\dfrac{3}{8}$	$\dfrac{3}{8}$	$\dfrac{1}{8}$
$p = \dfrac{3}{4} \leftrightarrow \theta_2$	$\dfrac{1}{64}$	$\dfrac{9}{64}$	$\dfrac{27}{64}$	$\dfrac{27}{64}$

gegeben.

    In diesem Beispiel findet man schon alle typischen Züge des *statistischen* Entscheidungsproblems: Die Zustände werden mit den *Parametern* einer Verteilungsfunktion identifiziert. Aktionen sind Entscheidungen für einen Parameter (bzw. für eine Menge von Parametern).

Um das Ergebnis des Zufallsexperiments in das Entscheidungsproblem einzubringen, wird die Wahl der Aktion a vom Ergebnis des Zufallsexperiments abhängig gemacht. Man entwickelt dazu eine Vorschrift, die jedem Ergebnis des Zufallsexperiments $x \in \mathfrak{X}$ eine Aktion $a \in \mathfrak{A}$ zuordnet. Diese Vorschrift kann man als Abbildung von $\mathfrak{X}$ in die Menge der Aktionen auffassen. Präzise wird dies gefaßt in der

Definition 12.1. Es sei $\mathfrak{X}$ der Wertebereich einer Zufallsgröße X, deren Wahrscheinlichkeitsfunktion vom Zustand θ abhängt. Die Abbildung

$$d: \mathfrak{X} \longrightarrow \mathfrak{A}$$
$$x \longmapsto d(x)$$

nennt man *Entscheidungsfunktion.*

Die Menge der Entscheidungsfunktionen bezeichnen wir mit ϑ. Sind $\mathfrak{X}$ und $\mathfrak{A}$ endlich, kann man d ausführlich schreiben:

$$d = \left\langle \begin{matrix} x_1 & x_2 & & x_s \\ d(x_1) & d(x_2) & \cdots & d(x_s) \end{matrix} \right\rangle \qquad (12.3)$$

oder

$$d = \left\langle \begin{matrix} x_1 & x_2 & & x_s \\ a_{i_1} & a_{i_2} & \cdots & a_{i_s} \end{matrix} \right\rangle \qquad (12.4)$$

Die beiden Schreibweisen hängen also in folgender Weise zusammen:

$$d(x_k) = a_{i_k} \qquad (12.5).$$

Schreibweise (12.3) bringt den Funktionscharakter von d besser zum Ausdruck und eignet sich für allgemeine Formeln im Zusammenhang mit Entscheidungsfunktionen. Die Schreibweise (12.4) erinnert an die Tatsache, daß wir als Funktionswerte von d immer Elemente von $\mathfrak{A}$ vor uns haben: die Indexreihe $(i_1, i_2, \ldots, i_s)$ ist nichts anderes als ein s-tupel der Zahlen $1, 2, \ldots, s$. Bei einer konkreten Beschreibung von d wird man die Form (12.4) verwenden.

Bezeichnen wir die Anzahl der Elemente einer Menge $\mathfrak{M}$ mit $\|\mathfrak{M}\|$, so gilt für die Anzahl der Entscheidungsfunktionen:

$$\|\vartheta\| = \|\mathfrak{A}\|^{\|\mathfrak{X}\|} = m^s \qquad (12.6)$$

Die Menge ϑ ist ja gerade äquivalent der Menge aller s-tupel, gebildet aus Elementen der m-elementigen Menge $\mathfrak{A}$.

Beispiel 12.4.a) Im *Röntgentestbeispiel* erhalten wir $2^2 = 4$ Entscheidungsfunktionen:

$$d_1 = \left\langle \begin{matrix} x_1 & x_2 \\ a_1 & a_1 \end{matrix} \right\rangle \ldots \text{unabhängig vom Ausgang des Tests wird nicht behandelt}$$

$$d_2 = \left\langle \begin{matrix} x_1 & x_2 \\ a_1 & a_2 \end{matrix} \right\rangle \ldots \text{die „vernünftige" Strategie: zeigt der Test „gesund", wird nicht behandelt; zeigt der Test „krank" an, wird behandelt}$$

$$d_3 = \left\langle \begin{matrix} x_1 & x_2 \\ a_2 & a_1 \end{matrix} \right\rangle \ldots \text{ die ,,unvernünftige`` Strategie: man reagiert mit}$$
der Behandlung gerade entgegengesetzt wie der
Test angibt

$$d_4 = \left\langle \begin{matrix} x_1 & x_2 \\ a_2 & a_2 \end{matrix} \right\rangle \ldots \text{ unabhängig vom Ausgang des Tests wird behandelt.}$$

b) Im *Ausflugsbeispiel* erhalten wir $3^3 = 27$ Entscheidungsfunktionen.
Zwei Beispiele für Entscheidungsfunktionen sind

$$\left\langle \begin{matrix} x_1 & x_2 & x_3 \\ a_2 & a_2 & a_3 \end{matrix} \right\rangle \ldots \text{ eine ,,pessimistische`` Strategie}$$

$$\left\langle \begin{matrix} x_1 & x_2 & x_3 \\ a_1 & a_1 & a_2 \end{matrix} \right\rangle \ldots \text{ ein ,,optimistische`` Strategie}$$

Bei Verwendung des ,,einfachen`` Barometers reduziert sich das Problem auf $3^2 = 9$ Entscheidungsfunktionen.

c) Beim *Test der Münze* erhalten wir $2^4 = 16$ Entscheidungsfunktionen.
Beispiele für ,,vernünftige`` Entscheidungsfunktionen sind:

$$\left\langle \begin{matrix} 0 & 1 & 2 & 3 \\ a_1 & a_1 & a_2 & a_2 \end{matrix} \right\rangle , \left\langle \begin{matrix} 0 & 1 & 2 & 3 \\ a_1 & a_2 & a_2 & a_2 \end{matrix} \right\rangle$$

Offensichtlich ungünstig ist $\left\langle \begin{matrix} 0 & 1 & 2 & 3 \\ a_2 & a_1 & a_2 & a_1 \end{matrix} \right\rangle$; es ist nicht einzusehen

warum das Erscheinen keines ,,Wappens`` als Anzeichen für die Verfälschung zugunsten von W genommen werden soll, während diese Konsequenz beim Erscheinen von einem oder gar drei Wappen nicht gezogen werden sollte. Die vernünftigen Entscheidungsfunktionen sind hier augenscheinlich ,,monotone`` Funktionen, was besonders dann deutlich zum Ausdruck kommt, wenn man anstelle der Aktionen a_1 und a_2 die ihnen entsprechenden Parameterwerte in die Entscheidungsfunktionen einträgt, also etwa

$$\left\langle \begin{matrix} 0 & 1 & 2 & 3 \\ \frac{1}{2} & \frac{1}{2} & \frac{3}{4} & \frac{3}{4} \end{matrix} \right\rangle , \left\langle \begin{matrix} 0 & 1 & 2 & 3 \\ \frac{1}{2} & \frac{3}{4} & \frac{3}{4} & \frac{3}{4} \end{matrix} \right\rangle$$

für die beiden erstgenannten Entscheidungsfunktionen.

An die Stelle des no-data-Problems tritt nun ein neues Entscheidungsproblem: Gegenstand der Wahl ist nun nicht eine Aktion, sondern eine Entscheidungsfunktion, welche die Wahl der Aktion via Zufallsexperiment vermittelt. An dieser Stelle pflegt man zwischen dem no-data-Problem und dem ,,statistischen`` Entscheidungsproblem zu unterscheiden:

	no-data-Problem	statistisches Entscheidungsproblem
Aktionenmenge	$\mathfrak{A}$	ϑ

Die Verknüpfung von no-data-Problem und statistischem Entscheidungsproblem geschieht durch die Definition einer Verlusttafel in den Entscheidungsfunktionen:

	$\theta_1 \ldots \theta_j \ldots \theta_n$
d_1	.
$\vdots$	$\vdots$
d_t	$\ldots l(d_t, \theta_j) \ldots$
$\vdots$	$\vdots$
d_{ms}	

Was hat man sinnvollerweise unter $l(d_t, \theta_j)$ zu verstehen? Offenbar den *durchschnittlichen* Verlust, den man bei der Wahl der Entscheidungsfunktion d_t erleidet, falls θ_j zutrifft. Wir präzisieren das durch die folgende Definition, die gleichzeitig die in der Statistik meist verwendete Abbildung aus einer Regrettafel berücksichtigt:

Definition 12.2. Es sei $d \in \vartheta$ eine Entscheidungsfunktion. Dann sei

$$l(d,\theta) = l(d(x_1),\theta)\,P(x_1|\theta) + \ldots + l(d(x_s),\theta)\,P(x_s|\theta)$$

$$= \sum_{k=1}^{s} l(d(x_k),\theta)\,P(x_k|\theta) \qquad (12.7)$$

$$r(d,\theta) = r(d(x_1),\theta)\,P(x_1|\theta) + \ldots + r(d(x_s),\theta)P(x_s|\theta)$$

$$= \sum_{k=1}^{s} r(d(x_k),\theta)\,P(x_k|\theta) \qquad (12.8)$$

Die Definition 12.2 ermöglicht es, alle im II. Hauptteil für das no-data-Problem eingeführten Begriffsbildungen auf das statistische Entscheidungsproblem zu übertragen. Insbesondere ordnet man jedem d *Zeilenfunktionen* analog zur Formel (10.2) zu; man spricht dabei von

der *Verlustfunktion* $l(d, \cdot) : \theta \mapsto l(d, \theta)$
und der *Risikofunktion* $r(d, \cdot) : \theta \mapsto r(d, \theta)$

Anmerkung: Man beachte: Das ursprüngliche no-data-Problem ist auch im neuen, abgeleiteten Entscheidungsproblem *enthalten*, und zwar in Form der *konstanten* Entscheidungsfunktionen:

$$a \leftrightarrow \begin{pmatrix} x_1 & x_2 & & x_{s^i} \\ a & a & \cdots & a \end{pmatrix}$$

welche vermöge Definition 12.2. die Verluste $l(a, \theta)$, also die Verlust-tafel des no-data-Problems erzeugen.

Nach (12.8) erscheinen die Werte $r(d, \theta)$ aus der Regrettafel des no-data-Problems abgeleitet. Hat man jedoch die Verlust-tafel schon bestimmt, so bedarf es nicht der umständlichen Rechnung von Formel (12.8), sondern die Werte $r(d, \theta)$ lassen sich direkt aus der Verlusttafel nach dem Konstruktionsprinzip von Regrettafeln bestimmen. Dies zeigt

> *Satz 12.1.* Es sei $r^*(d, \theta) = l(d, \theta) - \min_{d \in \vartheta} l(d, \theta)$ und
> $r(d, \theta)$ gemäß Definition 12.2 bestimmt. Dann gilt
>
> $r^*(d, \theta) = r(d, \theta).$

Beweis: Im no-data-Problem betrachten wir das Minimum der Spaltenfunktion $l(\cdot, \theta)$, welches für die Aktion a_0 angenommen werde:

$$\min_{a \in \mathfrak{A}} l(a, \theta) = l(a_0, \theta). \tag{12.9}$$

Nun ist

$$l(d, \theta) = \sum_{k=1}^{s} l(d(x_k), \theta)\, P(x_k|\theta) \geq \sum_{k=1}^{s} l(a_0, \theta)\, P(x_k|\theta) = l(a_0, \theta)$$

für jedes d, also

$$\min_{d \in \vartheta} l(d, \theta) \geq l(a_0, \theta) = \min_{a \in \mathfrak{A}} l(a, \theta) \tag{12.10}$$

Es gibt ein $d_0 \in \vartheta$, für welches $l(d_0, \theta) = l(a_0, \theta)$, nämlich die

konstante Funktion $d_0 = \begin{pmatrix} x_1 & x_2 \cdots x_s \\ a_0 & a_0 \cdots a_0 \end{pmatrix}$. Also gilt in

(12.10) das Gleichheitszeichen:

$$\min_{d \in \vartheta} l(d, \theta) = \min_{a \in \mathfrak{A}} l(a, \theta) \tag{12.11}.$$

Aus der Definition von $r(d, \theta)$ leiten wir nun alles weitere her:

$$r(d,\theta) = \sum_{k=1}^{s} r(d(x_k),\theta)\, P(x_k|\theta) = \sum_{k=1}^{s} [l(d(x_k),\theta) -$$

$$- \min_{a\in\mathfrak{A}} l(a,\theta)] P(x_k|\theta)$$

$$= \sum_{k=1}^{s} l(d(x_k),\theta)\, P(x_k|\theta) - \min_{a\in\mathfrak{A}} l(a,\theta)$$

$$= l(d,\theta) - \min_{d\in\vartheta} l(d,\theta) = r^*(d,\theta) \qquad \blacksquare$$

Beispiel 12.5. Das Röntgentestbeispiel. Verlust- und Regrettafel für die in Beispiel 12.4.a. angegebene Menge $\vartheta = \{d_1, d_2, d_3, d_4\}$ können nun mit den Formeln von Definition 12.2 konkret berechnet werden. Die Ausgangs-Zahlenwerte findet man in den beiden Tabellen

	θ_1	θ_2
a_1	0	40
a_2	10	10

	x_1	x_2
θ_1	0,95	0,05
θ_2	0,02	0,98

Beginnen wir mit der Verlusttafel.

$$d_1 = \left\langle \begin{matrix} x_1 & x_2 \\ a_1 & a_1 \end{matrix} \right\rangle$$

$$l(d_1,\theta_1) = l(d_1(x_1),\theta_1)\, P(x_1|\theta_1) + l(d_1(x_2),\theta_1)\, P(x_2|\theta_1)$$

$$= l(a_1,\theta_1)\, P(x_1|\theta_1) \qquad + l(a_1,\theta_1)\, P(x_2|\theta_1)$$

$$= \quad 0 \cdot 0,95 \qquad\qquad + 0 \cdot 0,05 = \underline{0}$$

$$l(d_1,\theta_2) = l(a_1,\theta_2)\, P(x_1|\theta_2) \qquad + l(a_1,\theta_2)\, P(x_2|\theta_1)$$

$$= 40 \cdot 0,95 \qquad\qquad + 40 \cdot 0,05 = \underline{40}$$

$$d_2 = \left\langle \begin{matrix} x_1 & x_2 \\ a_1 & a_2 \end{matrix} \right\rangle$$

$$l(d_2,\theta_1) = l(a_2,\theta_1)\, P(x_1|\theta_1) \qquad + l(a_2,\theta_1)\, P(x_2|\theta_1)$$

$$= \quad 0 \cdot 0,95 \qquad\qquad + 10 \cdot 0,05 = \underline{0,50}$$

$$l(d_2,\theta_2) = l(a_1,\theta_2)\, P(x_1|\theta_2) \qquad + l(a_2,\theta_2)\, P(x_2|\theta_1)$$

$$= 40 \cdot 0,02 \qquad\qquad + 10 \cdot 0,98 = \underline{10,60}$$

Die Rechnungen für die beiden weiteren Entscheidungsfunktionen d_3, d_4 verlaufen analog. Führt man sie durch, so erhält man die nachstehende

Verlusttafel – und unter Bedachtnahme auf Satz 12.1. – zugleich auch
die zugehörige Regrettafel:

Verlusttafel		
	θ_1	θ_2
d_1	0,0	40,0
d_2	0,5	10,6
d_3	9,5	39,4
d_4	10,0	10,0

Regrettafel		
	θ_1	θ_2
d_1	0,0	30,0
d_2	0,5	0,6
d_3	9,5	29,4
d_4	10,0	0,0

Zwei wesentliche Dinge sind aus der neuen Tafeln zu entnehmen:
- die konstanten Funktionen d_1, d_4 für sich genommen bilden wieder
  die Tafeln des no-data-Problems
- die „unvernünftige" Funktion d_3 wird durch das stärkste Entschei-
  dungskriterium, nämlich die Dominanzrelation eliminiert: sie ist in
  jedem Fall schlechter als die Funktion d_2, welche die Beobachtungen
  „richtig" verwertet.

Bei der einfachen Konstellation des vorangehenden Beispiels
mit nur $2^2 = 4$ Entscheidungsfunktionen kann auch praktisch
die Rechnung in aller Ausführlichkeit dargestellt werden. Bei
größeren Problemen – zu diesen zählt schon das Ausflugsproblem mit seinen 27 Entscheidungsfunktionen – wird man ent-
weder geeignete Rechenschemata entwickeln müssen (ein sol-
ches siehe etwa in den Übersichten 3 und 4, Seite 134ff.) oder
man versucht, die besonderen Strukturen der Verlusttafel und
der Matrix der bedingten Verteilungen auszunutzen, wie dies
in den eigentlichen Problemen der statistischen Entscheidungstheorie immer geschieht.

Aktionswahrscheinlichkeiten (action probabilities)

Insbesondere dann, wenn die Aktionenmenge $\mathfrak{A}$ wenige
Elemente enthält, ist noch eine andere Berechnungsweise der
Verluste $l(d, \theta)$ von Bedeutung. Sei d eine Entscheidungs-
funktion

$$d = \left\langle \begin{matrix} x_1 & x_2 & & x_s \\ d(x_1) & d(x_2) & \cdots & d(x_s) \end{matrix} \right\rangle \quad \text{mit} \quad d(x_k) \in \mathfrak{A}$$

Nun kann jedem $a_i \in \mathfrak{A}$ eine Teilmenge aus $\mathfrak{X}$ zugeordnet werden:

$$a_i \mapsto d^{-1}(a_i) = \{x | x \in \mathfrak{X} ; d(x) = a_i\} \tag{12.12}$$

$$i = 1, \ldots, m$$

$d^{-1}(a_i)$ ist nichts anderes als die Menge der Resultate des Zufallsexperimentes, welchen die Entscheidungsfunktion d gerade den Wert a_i zuweist. Durch jede Entscheidungsfunktion d wird damit eine Zerlegung von $\mathfrak{X}$ in einander ausschließende Teilmengen bewirkt:

$$\mathfrak{X} = d^{-1}(a_1) \cup d^{-1}(a_2) \cup \ldots \cup d^{-1}(a_m) \qquad (12.13)$$

Wir fragen nun: Wie groß ist die Wahrscheinlichkeit, daß bei der Wahl der Entscheidungsfunktion d und bei Vorliegen des Zustands θ die Aktion a_i gewählt wird? Die Antwort wird durch die Wahrscheinlichkeiten aus Definition 12.3 gegeben:

Definition 12.3. Die Wahrscheinlichkeiten

$$P(d^{-1}(a_i)|\theta) = \sum_{x_k \in d^{-1}(a_i)} P(x_k|\theta) \qquad (12.14)$$

heißen *Aktionswahrscheinlichkeiten*

Man schreibt auch

$$P(d^{-1}(a_i)|\theta) = P(a_i|\theta; d) \qquad (12.15)$$

um die Abhängigkeit der Aktionswahrscheinlichkeit für a_i von θ und d zu betonen.

Wegen der Zerlegung (12.13) gilt die Beziehung

$$l(d,\theta) = \sum_{i=1}^{m} \sum_{x_k \in d^{-1}(a_i)} l(d(x_k),\theta) \, P(x_k|\theta) = \sum_{i=1}^{m} l(a_i,\theta) \, P(d^{-1}(a_i)|\theta)$$

oder, mit der Bezeichnung (12.15)

$$l(d,\theta) = \sum_{i=1}^{m} l(a_i,\theta) \, P(a_i|\theta; d) \qquad (12.16)$$

welche die Verluste $l(d, \theta)$ durch die Verluste des no-data-Problems und die Aktionswahrscheinlichkeiten ausdrückt.

Beispiel 12.6. Im *Ausflugsbeispiel* betrachten wir etwa die beiden Entscheidungsfunktionen d_5 und d_{18}[22]

$$d_5 = \left\langle \begin{matrix} x_1 & x_2 & x_3 \\ a_1 & a_2 & a_2 \end{matrix} \right\rangle \quad \text{und} \quad d_{18} = \left\langle \begin{matrix} x_1 & x_2 & x_3 \\ a_2 & a_3 & a_3 \end{matrix} \right\rangle$$

22 Die Numerierung der Entscheidungsfunktionen wird wie in Übersicht 4, § 14 vorgenommen, wo alle 27 Entscheidungsfunktionen des Ausflugsbeispiels aufgezählt werden.

Dann erhalten wir:

$$d_5{}^{-1}(a_1) = \{x_1\}, \quad d_5{}^{-1}(a_2) = \{x_2, x_3\}, \quad d_5{}^{-1}(a_3) = \phi$$
$$(12.17)$$
$$d_{18}{}^{-1}(a_1) = \phi \quad , \quad d_{18}{}^{-1}(a_2) = \{x_1\} \quad , \quad d_{18}{}^{-1}(a_3) = \{x_2, x_3\}$$

Die Aktionswahrscheinlichkeiten kann man in Tabellen zusammenfassen, für *jede Entscheidungsfunktion* eine Tabelle. Für d_5 und d_{18} erhält man:

d_5:

	a_1	a_2	a_3
θ_1	0,70	0,30	0
θ_2	0,20	0,80	0

d_{18}:

	a_1	a_2	a_3
θ_1	0	0,70	0,30
θ_2	0	0,20	0,80

Die ausführlichen Berechnungen dieser Tabellen stützen sich auf das Schema (12.17); beispielsweise:

$$P(a_2|\theta_1; d_5) = P(x_2|\theta_1) + P(x_3|\theta_1) = 0,20 + 0,10 = 0,30$$

$$P(a_2|\theta_2; d_5) = P(x_2|\theta_2) + P(x_3|\theta_2) = 0,30 + 0,50 = 0,80$$

Gemischte (randomisierte) Entscheidungsfunktionen

Genau wie im Fall des no-data-Problems können wir gemischte (randomisierte) Entscheidungsfunktionen als Wahrscheinlichkeitsmaße auf der Menge ϑ der Entscheidungsfunktionen einführen. In Analogie zu Formel (10.4) in § 10. B schreiben wir für den Fall eines endlichen ϑ:

$$\delta = \begin{bmatrix} d_1 & \dots & d_t & \dots & d_{ms} \\ \pi_1 & & \pi_t & & \pi_{ms} \end{bmatrix} \qquad (12.18)$$

Anmerkung: Konsequenterweise müßten wir analog zu (10.4) auch d* schreiben; jedoch hat sich die Bezeichnung δ für eine randomisierte Entscheidungsfunktion so allgemein durchgesetzt, daß auch hier diese Bezeichnung festgehalten sei.

Das Randomisieren von Entscheidungsfunktionen zeigt gewisse Eigenheiten, und zwar deshalb, weil bei dieser Konstruktion *zwei* Zufallsexperimente beteiligt sind:

Zufallsexperiment I . . .   Das Randomisierungsexperiment.

Es liefert m^s einander ausschließende Ereignisse A_1, $A_2, \dots, A_{ms}$ mit den Wahrscheinlichkeiten π_1, $\pi_2, \dots, \pi_{ms}$ (siehe § 10. B).

Zufallsexperiment II . . . Das ,,Aufklärungsexperiment''.

Es liefert die s Ergebnisse $x_1, x_2, \dots, x_s$ mit den Wahrscheinlichkeiten $P(x_1|\theta), P(x_2|\theta), \dots, P(x_s|\theta)$

Nun kann man zwei Wege einschlagen:

a) Zunächst wird Zufallsexperiment I angestellt. Dieses liefert eine Entscheidungsregel d_t. Sodann kommt Zufallsexperiment II, welches ein x_k produziert, welches schließlich seinerseits vermittels d_t endgültig eine Aktion $a \in \mathfrak{A}$ auswählt. Schematisch:

$$I \text{ ergibt } d_t \Rightarrow II \text{ ergibt } x_k \Rightarrow d_t(x_k) \text{ ergibt } a.$$

Dies ist gerade der Vorgang, welcher der Formel (12.18) entspricht. Wir sprechen von einer *echten, randomisierten Entscheidungsregel.*

b) Zunächst wird das explorierende Zufallsexperiment II angestellt, man erhält x_k; sodann das Randomisierungsexperiment I; letzteres Experiment bewirkt, daß die Aktion

$$d_1(x_k) \text{ mit Wahrscheinlichkeit } \pi_1$$
$$\cdots$$
$$d_t(x_k) \text{ mit Wahrscheinlichkeit } \pi_t$$
$$\cdots$$
$$d_{ms}(x_k) \text{ mit Wahrscheinlichkeit } \pi_{ms}$$

gewählt werden soll. Man kann sich also vorstellen, daß jedem x_k eine Verteilung zugeordnet wird:

$$x_k \longmapsto \begin{bmatrix} d_1(x_k) & & d_t(x_k) & & d_{ms}(x_k) \\ \pi_1 & \cdots & \pi_t & \cdots & \pi_{ms} \end{bmatrix} \qquad (12.19)$$

Die Elemente, welche in der ersten Zeile von (12.19) stehen, sind Elemente aus $\mathfrak{A}$. Es wird also jedem x_k auch ein Maß auf $\mathfrak{A}$ zugeordnet:

$$x_k \longmapsto \begin{bmatrix} a_1 & a_2 & & a_m \\ \pi(1, k) & \pi(2, k) & \cdots & \pi(m, k) \end{bmatrix} \qquad (12.20)$$

Die Wahrscheinlichkeiten $\pi(i, k)$ entstehen also durch Zusammenfassen aller $d_t(x_k)$, welche die Aktion a_i sind. Eine gemischte Entscheidungsfunktion δ kann also auch in folgender Weise aufgefaßt werden, wenn man (12.20) für alle x_k gleichzeitig anschreiben soll:

$$\delta = \left\langle \begin{array}{cccc} x_1 & x_2 & & x_s \\ [\cdot/\cdot] & [\cdot/\cdot] & \cdots & [\cdot/\cdot] \end{array} \right\rangle \qquad (12.21)$$

Durch die verschiedenen Klammerzeichen in (12.21) erkennt man hier die Schachtelung der Zufallsexperimente. Man spricht von einer „*behavioral strategy*" – ein aus der Spieltheorie entlehnter Ausdruck, wenn man diesen zweiten Weg wählt. Er wird in der statistischen Entscheidungstheorie meist beschritten.

Die formale Herleitung von (12.20) verläuft in folgender Weise:
Jedes Ergebnis $x_k \in \mathfrak{X}$ erzeugt eine Zerlegung der Menge ϑ der Entscheidungsfunktionen. Es sei $\vartheta(i, k)$ die Menge der Entscheidungsfunktionen, welche dem Ergebnis x_k die Aktion a_i zuordnen. Dann gilt

$$\vartheta = \vartheta(1, k) \cup \vartheta(2, k) \cup \ldots \cup \vartheta(m, k) \tag{12.22}$$

und die in (12.20) auftretenden Wahrscheinlichkeiten sind gegeben
durch

$$\pi(i, k) = \sum_{d_t \in \vartheta(i, k)} \pi_t \tag{12.23}$$

Beispiel 12.7. Wir verwenden nocheinmal das *Röntgentestbeispiel.* Es
zeigt sich, daß bei Testproblemen die Regrettafeln (und damit Risikofunktionen) das größere Interesse verdienen. Die Regrettafel in den
vier Entscheidungsfunktionen lautete (siehe Beispiel 12.5)

	θ_1	θ_2
d_1	0	30
d_2	0,5	0,6
d_3	9,5	29,4
d_4	10	0

Wir stellen uns nun drei Aufgaben:
a) Berechnung der Risikofunktion für eine echte, randomisierte Entscheidungsfunktion.

$$\text{Gegeben sei} \quad \delta = \begin{bmatrix} d_1 & d_2 & d_3 & d_4 \\ 0,10 & 0,50 & 0,10 & 0,30 \end{bmatrix}. \tag{12.24}$$

Die Berechnung der Risikofunktion kann direkt aus der Regrettafel und
der Darstellung (12.24) vor sich gehen (siehe auch Formel (10.6)):

$$r(\delta, \theta_1) = 0,10 \cdot 0 \;\; + 0,50 \cdot 0,5 + 0,10 \cdot \;\; 9,5 + 0,30 \cdot 10 = 4,20$$
$$r(\delta, \theta_2) = 0,10 \cdot 30 + 0,50 \cdot 0,6 + 0,10 \cdot 29,4 + 0,30 \cdot \;\; 0 = 6,24$$

Die Risikofunktion wird also

$$r(\delta, \cdot) = (4,20 \quad 6,24)$$

b) Berechnung der behavioral-strategies-Form aus der echt randomisierten Entscheidungsfunktion.

Dazu bedient man sich — unter Verwendung der Begriffe (12.22)
und (12.23) — vorteilhafterweise des folgenden Schemas:

	x_1	x_2	π_t		
d_1	a_1	a_1	0,10	$\pi(1,1) = \{d_1, d_2\}$	$\pi(1,1) = 0,10 + 0,50 = 0,60$
d_2	a_1	a_2	0,50	$\pi(2,1) = \{d_3, d_4\}$	$\pi(2,1) = 0,10 + 0,30 = 0,40$
d_3	a_2	a_1	0,10	$\pi(1,2) = \{d_1, d_3\}$	$\pi(1,2) = 0,10 + 0,10 = 0,20$
d_4	a_2	a_2	0,30	$\pi(2,2) = \{d_2, d_4\}$	$\pi(2,2) = 0,50 + 0,30 = 0,80$

Daraus erhalten wir durch Anwendung von (12.20) und (12.21):

$$\delta = \left\langle \begin{array}{c} x_1 \\ \begin{bmatrix} a_1 & a_2 \\ 0{,}60 & 0{,}40 \end{bmatrix} \end{array} \quad \begin{array}{c} x_2 \\ \begin{bmatrix} a_1 & a_2 \\ 0{,}20 & 0{,}80 \end{bmatrix} \end{array} \right\rangle \tag{12.25}$$

Die behavioristische Entscheidungsregel (12.25) kann in folgender Weise interpretiert werden:

Ergibt der Test „gesund", so wird mit Wahrsch. 0,60 nicht behandelt
mit Wahrsch. 0,40 behandelt
ergibt der Test „krank", so wird mit Wahrsch. 0,20 nicht behandelt
mit Wahrsch. 0,80 behandelt

Ist diese Entscheidungsregel vernünftig? Das Ergebnis der Aufgabe *a)* zeigt, daß sie von Entscheidungsregel d_2 streng dominiert wird. Die Frage liegt nahe, ob d_2 durch randomisieren überhaupt verbessert werden kann? Dies soll im Teil c) dieses Beispiels erörtert werden.

c) Die Bestimmung von Minimax-Entscheidungsfunktionen.

In den nichtrandomisierten Entscheidungsregeln ist, wie leicht zu sehen, d_2 Minimax-Entscheidungsfunktion. Aus den beiden Abbildungen 12.1. ist ersichtlich, daß durch Randomisieren in bezug auf die Minimax-Regel eine (geringfügige) Verbesserung erzielt werden kann.

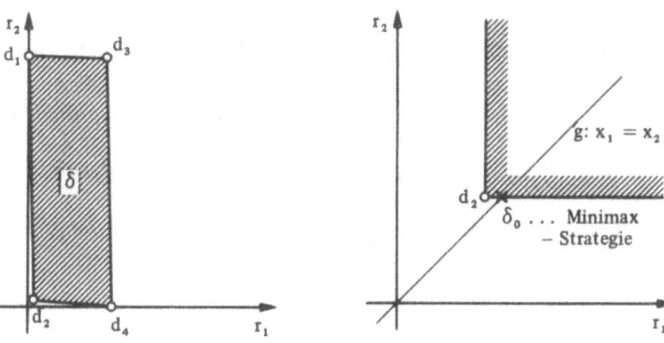

a. Gesamte Risikomenge   b. „vergrößertes" Bild

Fig. 12.1. Risikomenge des Röntgentestbeispiels

Das vergrößerte Bild Fig. 12.1.b) zeigt, daß die Minimax-Entscheidungsfunktion eine equalizer-Strategie ist, die durch Mischung von d_2 und d_4 gewonnen werden kann:

$$\pi_2 d_2 + \pi_4 d_4 = \begin{bmatrix} d_1 & d_2 & d_3 & d_4 \\ 0 & \pi_2 & 0 & \pi_4 \end{bmatrix}$$

Setzt man die Zeilenfunktionen für d_2 und d_4 ein, berücksichtigt man, daß $\pi_4 = 1 - \pi_2$ gilt, so können wir zunächst schreiben:

$$\pi_2 (0{,}5 \quad 0{,}6) + (1 - \pi_2)(10 \quad 0) = (m \quad m)$$

Daraus erhalten wir für das Mischungsverhältnis

$$\pi_2 = \frac{100}{101} \cong 0,99 \qquad \pi_4 = \frac{1}{101} \cong 0,01$$

Für die praktische Realisierung interessiert die behavioristische Formulierung der Minimax-Strategie, die wir nach der Methode des Teils *b)* erhalten können.

$$\delta_0 = \left\langle \begin{matrix} x_1 & & x_2 \\ \begin{bmatrix} a_1 & a_2 \\ 0,99 & 0,01 \end{bmatrix} & & a_2 \end{matrix} \right\rangle$$

Dies besagt: Ergibt der Test „gesund", dann wird mit 99% Wahrscheinlichkeit nicht behandelt, mit 1% Wahrscheinlichkeit behandelt; zeigt der Test „krank", so wird auf jeden Fall behandelt. Die zugehörige Zeilenfunktion, nach der Methode des Teils *a)* berechnet, zeigt eine geringfügige Verbesserung der Minimax-Regret-Werte:

$$r(\delta_0, \cdot) = (0,594 \quad 0,594)$$

§ 13. Bayes-Entscheidungsfunktionen

Die große Bedeutung der Bayes-Entscheidungsregel beruht nicht zuletzt darauf, daß die Bestimmung einer Bayes-Entscheidungsfunktion (in unserer Terminologie: einer *optimalen* Entscheidungsfunktion zu vorgegebener Bewertung der Zustände) auf das zugehörige, meist viel einfachere no-data-Problem zurückgeführt werden kann.

Die Bayes-Regel benutzt (siehe § 7, 3.) eine *Bewertung* der Zustände

$$\begin{pmatrix} \theta_1 & \cdots & \theta_j & \cdots & \theta_n \\ p_1 & & p_j & & p_n \end{pmatrix}$$

Um den Zusammenhang zwischen Zustand und Bewertung deutlicher zu machen, schreiben wir auch

$$p_j = P(\theta_j) \tag{13.1}$$

Im no-data-Problem wird mittels dieser Bewertung ein „Erwartungswert" $\varphi(a)$ gemäß

$$\varphi(a) = \sum_{j=1}^{n} l(a, \theta_j) \, P(\theta_j) \tag{13.2}$$

gebildet und eine Aktion $a \in \mathfrak{A}$ gesucht, das $\varphi(a)$ zu einem Minimum macht. Dieser Erwartungswert wird nun auf das neue

Entscheidungsproblem, formuliert mit Entscheidungsfunktionen d, übertragen:

$$\varphi(d) = \sum_{j=1}^{n} l(d, \theta_j) \, P(\theta_j) \qquad (13.3)$$

Man könnte nun so vorgehen, daß die Zeilenfunktionen $l(d, \cdot)$ gemäß Definition 12.2 berechnet und dann das Minimum von $\varphi(d)$ durch Inspektion aller m^s Entscheidungsfunktionen herausgesucht wird. Im Falle der Bayes-Regel gelingt es jedoch, „in einem Zug" vom no-data-Problem direkt zur optimalen Entscheidungsfunktion d vorzustoßen. Die Einführung von Definition 12.2. für $l(d, \theta_j)$ in den Erwartungswert (13.3) ergibt die Doppelsumme:

$$\varphi(d) = \sum_{j=1}^{n} \left[\sum_{k=1}^{s} l(d(x_k), \theta_j) \, P(x_k|\theta_j) \right] P(\theta_j)$$

Vertauschung der Summanden:

$$= \sum_{k=1}^{s} \left[\sum_{j=1}^{n} l(d(x_k), \theta_j) \, P(x_k|\theta_j) \, P(\theta_j) \right]$$

oder:

$$\varphi(d) = \sum_{k=1}^{s} \psi_k[d(x_k)] \qquad (13.4)$$

$$\text{mit } \psi_k[d(x_k)] = \sum_{j=1}^{n} l(d(x_k), \theta_j) \, P(x_k|\theta_j) \, P(\theta_j).$$

In (13.4) wird also $\varphi(d)$ in s Summanden zerlegt; jeder Summand hängt nur vom Funktionswert (also einem Element aus $\mathfrak{A}$) an der Stelle x_k (dem Ergebnis eines Zufallsexperiments) ab. Unsere Aufgabe ist es aber, $\min_{d \in \vartheta} \varphi(d)$, also das Minimum über eine Menge von Funktionen zu bilden. Mittels (13.4) geschieht dies formal so:

$$B = \min_{d \in \vartheta} \varphi(d)$$

$$= \min_{d \in \vartheta} \left[\psi_1[d(x_1)] + \ldots + \psi_s[d(x_s)]] \right] \qquad (13.5)$$

$$= \min_{d(x_1) \in \mathfrak{A}} \psi_1[d(x_1)] + \ldots + \min_{d(x_s) \in \mathfrak{A}} \psi_s[d(x_s)]$$
$$\qquad (13.6)$$

Der Übergang von (13.5) zu (13.6) ist so zu deuten: Eine
Funktion wird bestimmt, indem man zu jedem Argument-
wert − hier: x_k, $k = 1, \ldots, s$ − den zugehörigen Funktionswert − hier: $d(x_k)$ − bestimmt. (13.6) liefert nun nichts
anderes als eine solche Bestimmung: der Funktionswert an
der Stelle x_k wird durch eine *Minimierung im no-data-Problem gefunden:*

$$\min_{d(x_k) \in \mathfrak{A}} \psi_k[d(x_k)] \qquad k = 1, \ldots, s \qquad (13.7)$$

Daß man tatsächlich die Auffindung der optimalen Entscheidungsfunktion in k einfachere Minimierungsaufgaben aufspal-
ten − also von (13.5) zu (13.6) übergehen − kann, beruht
darauf, daß alle Werte $d(x_k)$ unabhängig voneinander über die
Elemente von $\mathfrak{A}$ variiert werden können.

Die Lösung eines Minimierungsproblems vom Typ (13.7)
ist also eine Aktion aus $\mathfrak{A}$, sie werde mit $a'(k)$ bezeichnet. Die
optimale Entscheidungsfunktion ist somit

$$d = \left\langle \begin{array}{cccc} x_1 & x_2 & & x_s \\ a'(1) & a'(2) & \cdots & a'(s) \end{array} \right\rangle \qquad (13.8)$$

Nun wollen wir uns das Minimierungsproblem (13.7) näher
ansehen. Gemäß (13.4) können wir es in der Form

$$\min_{a \in \mathfrak{A}} \sum_{j=1}^{n} l(a, \theta_j) \, P(x_k|\theta_j) \, P(\theta_j) \qquad (13.9)$$

schreiben. Dies ist aber nichts anderes als die Auffindung einer
Bayes-Aktion im no-data-Problem, jedoch mit der neuen, von
x_k abhängigen Bewertung $P(x_k|\theta_j) \, P(\theta_j)$.

Die Auffindung einer Bayes-Entscheidungsfunktion kann
also zusammenfassend so beschrieben werden:

Die Bayes-Entscheidungsfunktion zur Bewertung

$$P(\theta_1), \ldots, P(\theta_n)$$

wird bestimmt, indem man als Funktionswert $d(x_k)$
eine Bayes-Aktion im no-data-Problem, jedoch mit
der Bewertung

$$P(x_k|\theta_1) \, P(\theta_1), \ldots, P(x_k|\theta_n) \, P(\theta_n)$$

nimmt.

Beispiel 13.1. Im *Ausflugsbeispiel* sollen bei ausführlicher Barometerbeobachtung (siehe Beispiel 12.2) die Bayes-Entscheidungsfunktionen
zur Bewertung

$$P(\theta_1) = 7 \qquad P(\theta_2) = 3$$

aufgesucht werden.

Zur Bestimmung der notwendigen neuen Bewertungen verwenden
wir das folgende Schema, in dem die Tabelle der bedingten Wahrscheinlichkeiten „gekippt" wird:

	θ_1	θ_2	
x_1	$P(x_1\|\theta_1)$	$P(x_1\|\theta_2)$	Tabelle der bedingten
x_2	$P(x_2\|\theta_1)$	$P(x_2\|\theta_2)$	— Wahrscheinlichkeiten
x_3	$P(x_3\|\theta_1)$	$P(x_3\|\theta_2)$	
	$P(\theta_1)$	$P(\theta_2)$	— alte Bewertungen
x_1	$P(x_1\|\theta_1)\,P(\theta_1)$	$P(x_1\|\theta_2)\,P(\theta_2)$	neue x_1
x_2	$P(x_2\|\theta_1)\,P(\theta_1)$	$P(x_2\|\theta_2)\,P(\theta_2)$	— Bewertung zu x_2
x_3	$P(x_3\|\theta_1)\,P(\theta_1)$	$P(x_3\|\theta_2)\,P(\theta_2)$	x_3

Dieses Schema zur Berechnung der neuen Bewertungen wird mit dem
no-data-Problem gekoppelt, um die Bayes-Entscheidungsfunktion konkret zu bestimmen. Dies kann in folgender Weise geschehen:

	θ_1	θ_2			
x_1	0,7	0,2			
x_2	0,2	0,3			
x_3	0,1	0,5			
	7	3			
x_1	4,9	0,6	Erwartungswerte zur		
x_2	1,4	0,9	Beobachtung		
x_3	0,7	1,5	x_1	x_2	x_3
a_1	0	10	*6,0*	*9,0*	15,0
a_2	2	7	14,0	9,1	11,9
a_3	8	3	41,0	13,9	*10,1*

Der jeweilige, zu x_k gehörige Minimalwert wurde unterstrichen; aus
dem Schema der Unterstreichungen liest man unmittelbar die Bayes-
Entscheidungsfunktion ab, in unserem Fall:

$$d_3 = \left\langle \begin{array}{ccc} x_1 & x_2 & x_3 \\ a_1 & a_1 & a_3 \end{array} \right\rangle$$

Die Numerierung d_3 stammt aus der Übersicht 4 in § 14.

In der statistischen Entscheidungstheorie interessiert man sich im allgemeinen nur für die optimale Entscheidungsfunktion. Der minimale Erwartungswert, der jedoch hier der Vollständigkeit halber angegeben sei, ist eher dann von Bedeutung, wenn der Wert der durch das Zufallsexperiment vermittelten Information betrachtet werden soll. Gemäß (13.6) wird er einfach gleich der Summe der unterstrichenen Erwartungswerte:

$$B = 6{,}0 + 9{,}0 + 10{,}1 = 25{,}1$$

Zum Vergleich: Der Bayes-Wert im no-data-Problem betrug 30,0 für die Bewertung (7 3).

Zur *Kontrolle*: Mittels Formel (12.7) kann man die zu d_3 gehörige Zeilenfunktion direkt berechnen; man erhält

$$l(d_3, \cdot) = (0{,}8 \quad 6{,}5)$$

Versehen mit der Bewertung (7 3) ergibt sich der „Erwartungswert"

$$0{,}8 \cdot 7 + 6{,}5 \cdot 3 = 25{,}1$$

wie oben. Die Kontrolle der Minimaleigenschaft könnte natürlich nur durch eine vollständige Auswertung aller $3^3 = 27$ Entscheidungsfunktionen geschehen.

In der statistischen Entscheidungstheorie wird das bisher beschriebene Verfahren mit Begriffen verbunden, die einen Zusammenhang mit den klassischen Methoden der Wahrscheinlichkeitstheorie und der Mathematischen Statistik stiften.
a) *Die Likelihood-Funktion.* Im obigen Beispiel 13.1 wurde die Tabelle der bedingten Wahrscheinlichkeiten gekippt und in dieser Form zur Berechnung der neuen Bewertungen verwendet. In der Tat werden sowohl die Zeilen als auch Spalten der Tabelle interpretiert.

Hält man in den Ausdrücken

$$P(x_k | \theta_j) \qquad \begin{matrix} k = 1, \ldots, s \\ j = 1, \ldots, n \end{matrix}$$

den Zustand θ_j fest und *variiert* x_k, so haben wir eine (von θ_j abhängige) Wahrscheinlichkeitsfunktion vor uns, die man auch als bedingte Wahrscheinlichkeitsfunktion auffaßt.

Hält man jedoch die Beobachtung x_k fest und *variiert den Zustand* θ_j, so spricht man von einer zu x_k gehörigen Likelihood-Funktion.

Die *Zeilen* der Tabelle bilden also *bedingte Wahrscheinlichkeitsfunktionen*, die *Spalten* der Tabelle die *Likelihood-Funktionen*.

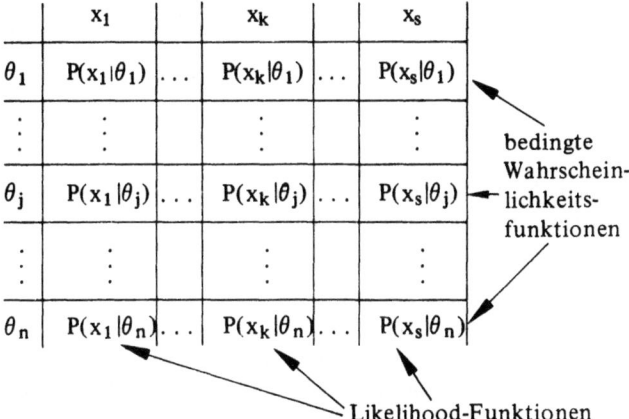

	x_1		x_k		x_s
θ_1	$P(x_1|\theta_1)$	...	$P(x_k|\theta_1)$	...	$P(x_s|\theta_1)$
$\vdots$	$\vdots$	$\vdots$	$\vdots$		$\vdots$
θ_j	$P(x_1|\theta_j)$	...	$P(x_k|\theta_j)$	...	$P(x_s|\theta_j)$
$\vdots$	$\vdots$	$\vdots$	$\vdots$		$\vdots$
θ_n	$P(x_1|\theta_n)$	...	$P(x_k|\theta_n)$	...	$P(x_s|\theta_n)$

bedingte Wahrscheinlichkeitsfunktionen

Likelihood-Funktionen

Es ist vor allem der Begriff der Likelihood-Funktion, welcher in der Theorie der Bayes-Entscheidungsfunktionen eine wichtige Rolle spielt.

Man beachte: Die Likelihood-Funktionen sind keine Wahrscheinlichkeitsfunktionen; die Spaltensummen der obigen Tabelle sind i.a. nicht gleich eins.

b) *Wahrscheinlichkeitsverteilungen auf der Menge der Zustände.* Die Bestimmung optimaler Bayes-Aktionen wird durch Multiplikation des Bewertungsvektors

$$(P(\theta_1), P(\theta_2), \ldots, P(\theta_n))$$

mit einer positiven Zahl nicht beeinflußt. Es liegt nahe, die *Normierung*

$$\sum_{j=1}^{n} P(\theta_j) = 1 \tag{13.10}$$

vorzunehmen. Hat man das getan, so ist es üblich, die Zahlen $P(\theta_j)$ als *Wahrscheinlichkeiten* für das Zutreffen des Zustandes θ_j aufzufassen. Man spricht dann von einer

a-priori-Verteilung

über der Zustandsmenge Θ. Hat man diese Deutung akzeptiert, so wird es auch sinnvoll, die Zahlen $P(x_k|\theta_j)$ als bedingte Wahrscheinlichkeiten im üblichen Sinn der Wahrscheinlichkeitsrechnung aufzufassen, das heißt, als durch das Ereignis „θ_j trifft zu" bedingt.

Geht man auch von normierten a-priori-Bewertungen aus, so erscheinen im allgemeinen die neuen Bewertungen $P(x_k|\theta_j)\,P(\theta_j)$ zunächst nicht in normierter Form. Führt man diese Normierung in Analogie zu (13.10) durch, so erhält man die Brüche

$$\frac{P(x_k|\theta_1)\,P(\theta_1)}{\sum\limits_{j=1}^{n} P(x_k|\theta_j)\,P(\theta_j)} \,,\,\ldots\,, \frac{P(x_k|\theta_n)\,P(\theta_n)}{\sum\limits_{j=1}^{n} P(x_k|\theta_j)\,P(\theta_j)} \qquad (13.11)$$

die als neue Verteilung über der Zustandsmenge interpretiert werden können. Man nennt sie die

zu x_k gehörige *a-posteriori-Verteilung.*

c) *Die Verwendung des Satzes von Bayes*

Akzeptiert man die Ereignisinterpretation für die θ_j und die Wahrscheinlichkeitsinterpretation für die $P(\theta_j)$, so kann (13.11) mit der *Formel von Bayes* in Zusammenhang gebracht werden[23]:

$$P(\theta_j|x_k) = \frac{P(x_k|\theta_j)\,P(\theta_j)}{\sum\limits_{\theta} P(x_k|\theta)\,P(\theta)} \qquad (13.12)$$

Sie gestattet es, die a-posteriori-Verteilung als *bedingte Verteilung* über Θ, gegeben das Ereignis $\{X = x_k\}$, aufzufassen.

Man erinnert sich: Die Auffindung der optimalen Bayes-Aktion wird von Normierungsfaktoren nicht beeinflußt. Es genügt, wie schon im Beispiel 13.1 ersichtlich, hierfür mit den Ausdrücken $P(x_k|\theta_j)\,P(\theta_j)$ zu arbeiten. Dennoch möchte man gerne an der Interpretation der bedingten Verteilung über Θ und ihrer Verbindung mit dem Satz von Bayes festhalten. Man schreibt dann auch

$$P(\theta_j|x_k) \propto P(x_k|\theta_j)\,P(\theta_j) \qquad (13.13)$$

Das in der Bayes-Theorie verwendete Zeichen „$\propto$" ist als „Proportionalzeichen" aufzufassen.

> *Man beachte:* Vergleicht man Bayes-Werte für verschiedene Bewertungen der Zustände, so muß man immer zu normierten Bewertungen übergehen.

Das bisher gesagte sei nun im folgenden Hauptsatz zusammengefaßt:

Satz 13.1. Hauptsatz der Bayes-Entscheidungstheorie

Eine optimale Entscheidungsfunktion zur a-priori-Bewertung

$$P(\theta_1),\,\ldots\,, P(\theta_n)$$

---

[23] Genaugenommen müßte man statt $P(\theta_j|x_k)$ schreiben: $P\{\theta_j|X = x_k\}$. Wir erinnern an die früher getätigte Abkürzung $P\{X = x_k|\theta_j\} = P(x_k|\theta_j)$.

erhält man, indem für jedes $x_k \in \mathfrak{X}$ das no-data-Entscheidungsproblem zur a-posteriori-Bewertung

$$P(\theta_1|x_k), \ldots, P(\theta_n|x_k)$$

gelöst wird. Die zugehörige optimale Aktion aus $\mathfrak{A}$ ist das Bild $d(x_k)$ in der gesuchten Bayes-Entscheidungsfunktion zur gegebenen a-priori-Bewertung.

§ 14. Der Informationswert eines Zufallsexperiments

A. *Grundbegriffe*

Durch Zufallsexperimente kann man sich – zumindest partiell – Informationen über die unbekannten Zustände $\theta_1, \ldots,$ θ_n verschaffen. Fragt man nach dem *Wert* dieser Information, so liegt es nahe, das no-data-Problem mit dem Entscheidungsproblem zu vergleichen, das durch die Einarbeitung der möglichen Ergebnisse des Zufallsexperiments in das no-data-Problem entsteht.

Dieser Gedanke kann in folgender Weise präzisiert werden: Gegeben sei das no-data-Problem mit der Aktionenmenge $\mathfrak{A}$, dem Zustandsraum Θ und der Verlustfunktion $l(a, \theta)$, sowie ein Zufallsexperiment mit der Ereignismenge $\mathfrak{X}$ und den bedingten Wahrscheinlichkeiten $P(x|\theta)$. Aus diesen Elementen wird das zugehörige Entscheidungsproblem mit der Menge der Entscheidungsfunktionen ϑ, dem Zustandsraum Θ und der Verlustfunktion $l(d, \theta)$ gemäß Definition 12.2. konstruiert. Ein Vergleich dieser beiden Entscheidungsprobleme führt zur

Definition 14.1. Der Wert der durch ein Zufallsexperiment vermittelten Information ist gleich dem minimalen Verlust einer Aktion im no-data-Problem minus dem minimalen Verlust im zugeordneten Entscheidungsproblem aller mittels des Experiments konstruierbaren Entscheidungsfunktionen.
Die minimalen Verluste werden daher in beiden Fällen durch dieselbe Entscheidungsregel ermittelt.

Folgender Umstand ist besonders zu beachten: Der Wert des Informationsgewinns durch ein Zufallsexperiment hängt nach Definition 14.1. von der verwendeten Entscheidungsregel ab. Stellt man sich etwa auf den Standpunkt der Minimax-

Verlust-Regel, so wird der Wert der Information i.a. anders
ausfallen als bei Verwendung einer Bayes-Regel. Für alle in
§ 7 eingeführten Entscheidungsregeln gilt jedoch der

> *Satz 14.1.* Der Wert der durch ein Zufallsexperiment
> vermittelten Information ist nichtnegativ.

Man könnte daran denken, die Gültigkeit des Satzes 14.1.
als Postulat für die Konstruktion „vernünftiger" Entscheidungsregeln aufzufassen. Für die in § 7 eingeführten Regeln sei jedoch
hier der *Beweis* geführt.

Im Entscheidungsproblem auf $\vartheta \times \Theta$ sind unter anderem
auch alle *konstanten* Entscheidungsfunktionen

$$d_a = \left\langle \begin{matrix} x_1 & x_2 & & x_s \\ a & a & \cdots & a \end{matrix} \right\rangle \text{ mit } a \in \mathfrak{A} \qquad (14.1)$$

enthalten. Die Zeilenfunktionen von d_a und a haben dieselben
Funktionswerte

$$l(a, \theta_j) = l(d_a, \theta_j) \qquad j = 1, \dots, n \qquad (14.2)$$

Das bedeutet: die Zeilen des no-data-Problems sind im zugeordneten Entscheidungsproblem enthalten.

Mit Ausnahme der Minimax-Regret-Regel basiert nun jede
Entscheidungsregel auf folgendem Prinzip: Jeder Aktion a (bzw.
Entscheidungsfunktion d) wird ein Wert v(a) (bzw. v(d)) zugeordnet, der nur als Funktion der $l(a, \theta_j)$, also unabhängig von
den anderen Aktionen (bzw. Entscheidungsfunktionen) berechnet wird; die einzelnen Entscheidungsregeln unterscheiden sich
nur durch die Konstruktionsvorschrift für die Funktion v. Der
in Deïinition 14.1. verwendete „minimale Verlust" wird dann
durch

$$\min_{a \in \mathfrak{A}} v(a) \quad (14.3a) \qquad \text{bzw.} \qquad \min_{d \in \vartheta} v(d) \qquad (14.3b)$$

bestimmt. Wegen (14.2) entsteht die Menge der Zahlen v(d)
dadurch, daß zur Menge der Zahlen v(a) neue Zahlen hinzugefügt werden. Folglich ist

$$\min_{d \in \vartheta} v(d) \leqslant \min_{a \in \mathfrak{A}} v(a) \qquad (14.4)$$

Im Fall der Minimax-Regret-Regel kann es jedoch vorkommen, daß durch das Hinzufügen einer neuen Aktion a′ zu den
Aktionen des ursprünglichen Problems der minimale Verlust
größer wird. Siehe hierzu das nachstehende Beispiel 14.1. Es
zeigt sich jedoch, daß der Übergang von $\mathfrak{A}$ zu ϑ eine spezielle

Art der Vermehrung ist, die keine Vergrößerung des minimalen Verlusts bewirkt. Gemäß Formel (12.11) ist nämlich

$$\min_{d \in \vartheta} l(d, \theta_j) = \min_{a \in \mathfrak{A}} l(a, \theta_j) \qquad j = 1, \ldots, n$$

Nun werden die Werte v(a) bei der Minimax-Regret-Regel ja dadurch gewonnen, daß man zunächst durch Abzug der Zeile

$$(\min_{a \in \mathfrak{A}} l(a, \theta_1), \ldots, \min_{a \in \mathfrak{A}} l(a, \theta_n))$$

zur Regrettafel übergeht und sodann die Minimax-Regel anwendet. Bei der Erweiterung zum Problem $\vartheta \times \Theta$ ändert sich aber gemäß (12.11) diese Zeile nicht. Somit ändern sich die Werte v(a), $a \in \mathfrak{A}$ (bestimmt nach der Minimax-Regret-Regel) nicht, wenn man das no-data-Problem in $\vartheta \times \Theta$ einbettet, somit ist der zu (14.4) führende Schluß auch im Falle der Minimax-Regret-Regel gültig ∎

Beispiel 14.1. Im Falle der Minimax-Regret-Regel kann der minimale Verlust M steigen, falls zur Aktionenmenge $\mathfrak{A}$ eine neue Aktion hinzugefügt wird. Das folgende Beispiel-Schema möge dies zeigen:

	Verlusttafel			*Regrettafel*			*minimaler Verlust*

ursprüngliches Problem

	θ_1	θ_2			θ_1	θ_2	$v(a_i)$		
a_1	1	6		a_1	0	5	5		
a_2	2	3	⇒	a_2	1	2	2	⇒	$M = 2$
a_3	4	1		a_3	3	0	3		
min	1	1							

erweitertes Problem

	θ_1	θ_2			θ_1	θ_2	$v(a_i)$		
a_1	1	6		a_1	0	6	6		
a_2	2	3	⇒	a_2	1	3	3	⇒	$M = 3$
a_3	4	1		a_3	3	1	3		
a_4	5	0		a_4	4	0	4		
min	1	0							

Zum Informationswert eines Zufallsexperiments wird manchmal auch ein anderer Zugang vorgeschlagen. Am no-data-Pro-

blem werden *zwei* Änderungen hintereinander vorgenommen:
- zunächst werden alle Werte in der Verlusttafel um den konstanten Betrag c erhöht
- im so modifizierten Problem wird das Zufallsexperiment durch den Übergang zu $\vartheta \times \Theta$ eingearbeitet und dann der minimale Verlust bestimmt.

Derjenige Wert von c, für den die Erhöhung der Verluste von $l(a_i, \theta_j)$ auf $l(a_i, \theta_j) + c$ gerade durch die Information über die Zustände θ kompensiert wird, das heißt, für den der minimale Verlust nach der beschriebenen zweifachen Modifikation gleich dem minimalen Verlust im no-data-Problem ist, wird als der Wert der Information des Zufallsexperiments angesehen.

Dieses Verfahren versagt allerdings im Falle der Minimax-Regret-Regel, da die Regrettafel eine Veränderung des Gesamtniveaus der Verluste nicht registriert. Für die anderen Entscheidungsregeln bekommt man jedoch denselben Informationswert wie nach Definition 14.1.

Man beachte jedoch, daß man den Wert c nicht ohne weiteres als „Kompensationszahlung" für die Durchführung des Zufallsexperimentes auffassen darf. Dies ist im allgemeinen nur dann möglich, wenn
- die Ergebnisse o_{ij} in Geld ausgedrückt werden
- der Geldnutzen eine lineare Funktion der Geldmenge ist

Eine genauere Diskussion dieser Verhältnisse, insbesondere für nichtlineare Geldnutzenfunktionen findet man bei *L i n d - l e y* (1971).

B. Der Wert der vollständigen Information

Vollständige oder *perfekte* Information im Entscheidungsproblem bei Unsicherheit ist anschaulich leicht zu beschreiben: Es wird mitgeteilt, welcher Zustand Θ aus der Zustandsmenge Θ tatsächlich zutrifft. Weiß man, daß θ zutrifft, so wird man jene Aktion a wählen, für die $l(a, \theta)$ ein Minimum annimmt.

Es seien also zunächst jene Aktionen eingeführt, welche die zu einem festen θ_j gehörigen Spaltenfunktionen minimieren. Sie werden hier mit $a_0^{(j)}$ bezeichnet. Es gilt also:

$$l(a_0^{(j)}, \theta_j) = \min_{i \in I} l(a_i, \theta_j) \qquad (14.5)$$

oder

$$l(a_0^{(j)}, \theta_j) \leqslant l(a_i, \theta_j) \qquad (14.6)$$

für $i = 1, \ldots, m; j = 1, \ldots, n$.

Der vollständigen Information entspricht ein spezielles Zufallsexperiment, dessen Ergebnismenge $\mathfrak{X}$ die gleiche Anzahl von Elementen besitzt wie die Zustandsmenge Θ:

$$\mathfrak{X} = \{x_1, x_2, \ldots, x_n\}$$

und für das die bedingten Wahrscheinlichkeiten durch

$$P(x_i|\theta_j) = \begin{matrix} 0 \\ 1 \end{matrix} \quad \text{für} \quad \begin{matrix} i \neq j \\ i = j \end{matrix}$$

gegeben sind. Wir haben somit eine „ausgeartete" Tafel von bedingten Wahrscheinlichkeiten vor uns:

	x_1	x_2	$\ldots$	x_n
θ_1	1	0		0
			$\ldots$	
θ_2	0	1		0
$\vdots$			$\ldots$	
θ_n	0	0	$\ldots$	1

Verlustfunktionen haben in diesem Fall eine besonders einfache Gestalt. Sei d eine beliebige Entscheidungsfunktion

$$d = \left\langle \begin{matrix} x_1 & x_2 & & x_n \\ d(x_1) & d(x_2) & \cdots & d(x_n) \end{matrix} \right\rangle$$

dann wird

$$l(d, \theta_j) = \sum_{t=1}^{n} l(d(x_t), \theta_j) \, P(x_t|\theta_j) = l(d(x_j), \theta_j). \quad (14.7)$$

Wir betrachten nun jene Entscheidungsfunktion d_0, welcher dem oben beschriebenen Vorgang der Wahl des Spaltenminimums entspricht:

$$d_0 = \left\langle \begin{matrix} x_1 & x_2 & & x_n \\ a_0^{(1)} & a_0^{(2)} & \cdots & a_0^{(n)} \end{matrix} \right\rangle \qquad (14.8)$$

Für d_0 erhält man:

$$l(d_0, \theta_j) = l(a_0^{(j)}, \theta_j) \quad \text{wegen} \quad (14.7), (14.8)$$
$$\leqslant l(d(x_j), \theta_j) \quad \text{wegen} \quad (14.6)$$
$$= l(d, \theta_j) \quad \text{gemäß} \quad (14.7)$$

insgesamt also:

$$l(d_0, \theta_j) \leqslant l(d, \theta_j) \quad \text{für alle} \quad d \in \vartheta, j \in J \qquad (14.9)$$

Die Beziehung (14.9) bedeutet: d_0 ist eine *gleichmäßig beste* Entscheidungsfunktion; sie dominiert alle anderen Entscheidungsfunktionen und wird daher bei allen Entscheidungsregeln gewählt.

Der *Wert der perfekten Information* kann nun relativ einfach berechnet werden. Vorgegeben sei eine bestimmte Entscheidungsregel. Es sei bezeichnet

- mit ϵ_p das Zufallsexperiment „Gebrauch der perfekten Information"
- mit $J(\epsilon_p)$ der Wert der Information, vermittelt durch ϵ_p
- mit M der minimale Verlust im no-data-Problem
- mit $M(\epsilon_p)$ der minimale Verlust im Entscheidungsproblem, das nur aus der Zeile $l(d_0, \theta)$ besteht.

Dann wird

$$J(\epsilon_p) = M - M(\epsilon_p) \tag{14.10}$$

Beispiel 14.2. Wir berechnen den Wert der perfekten Information bei Verwendung einer etwas komplizierteren Entscheidungsregel, nämlich der Hodges-Lehmann-Regel. Es sei das *Ausflugsbeispiel* (siehe auch Beispiel 12.2.) zugrundegelegt.

Wir verwenden die Hodges-Lehmann-Regel mit dem Parameter $\lambda = 0,3$ und der Zustandsbewertung $(p_1\ p_2) = (0,2\ \ 0,8)$ (siehe auch Beispiel 7.3).

Die Berechnung erfolgt dann nach folgendem Schema:

	θ_1	θ_2
a_1	0	10
a_2	2	7
a_3	8	3
d_0	0	3

Durchschnitt zur Bewertung (0,2 0,8)	Zeilen-maximum	Hodges-Lehmann-durchschnitt	
φ	m	$\varphi \cdot \lambda \qquad + m \cdot (1-\lambda)$	v
$0 \cdot 0,2 + 10 \cdot 0,8 = 8,0$	10	$8,0 \cdot 0,3 + 10 \cdot 0,7 =$	9,40
$2 \cdot 0,2 + 7 \cdot 0,8 = 6,0$	7	$6,0 \cdot 0,3 + 7 \cdot 0,7 =$	*6,70*
$8 \cdot 0,2 + 3 \cdot 0,8 = 4,0$	8	$4,0 \cdot 0,3 + 8 \cdot 0,7 =$	6,80
$0 \cdot 0,2 + 3 \cdot 0,8 = 2,4$	3	$2,4 \cdot 0,3 + 3 \cdot 0,7 =$	*2,82*

Es ist also:

$$M = 6,70 \qquad M(\epsilon_p) = 2,82$$
$$J(\epsilon_p) = 6,70 - 2,82 = \textit{3,88}$$

Der Wert der perfekten Information soll nun für die wichtigsten Entscheidungsregeln allgemein bestimmt werden. Um die Rechnungen durchsichtiger zu gestalten, verwenden wir die Bezeichnungen

$$l_{ij} = l(a_i, \theta_j) \qquad r_{ij} = r(a_i, \theta_j)$$

a) Minimax-Verlust-Regel.

Für das no-data-Problem erhalten wir nach (7.2a)

$$M = \min_i \ \max_j \ l_{ij}$$

Im Entscheidungsproblem mit perfekter Information lautet die zu d_0 gehörige Zeile gemäß (14.5):

$$(\min_i \ l_{i1} \quad \min_i \ l_{i2} \ldots \min_i \ l_{in})$$

Nach (7.2) wird somit

$$M(\epsilon_p) = \max_j \ \min_i \ l_{ij} \qquad\qquad (14.11)$$

und

$$J(\epsilon_p) = \min_i \ \max_j \ l_{ij} - \max_j \ \min_i \ l_{ij} \qquad (14.12)$$

Wir wissen, daß $J(\epsilon_p) \geqslant 0$ gelten muß. Wann gilt das Gleichheitszeichen, also

$$\min_i \ \max_j \ l_{ij} = \max_j \ \min_i \ l_{ij} \qquad\qquad (14.13)$$

Eine Antwort liefert die Theorie der Zweipersonen-Nullsummenspiele[24]. Die Beziehung (14.13) besagt dort, daß die Matrix (l_{ij}) einen *Sattelpunkt* besitzt. Genau dann also, wenn die Verlusttafel einen Sattelpunkt besitzt, kann die Entscheidungssituation durch Informationen über die Zustände aus Θ nicht verbessert werden, sofern man sich auf den Standpunkt der Minimax-Verlust-Regel stellt.

Beispiel 14.3. Die Verlusttafel des Röntgenbeispiels (siehe auch Beispiel 12.1) besitzt einen Sattelpunkt, dessen schematische Ermittlung hier gezeigt sei:

24 Siehe dazu etwa Churchman, Ackoff und Arnoff (1961), S. 479 ff.

b) Minimax-Regret-Regel

Für das no-data-Problem erhalten wir nach (7.6):

$$M = \min_i \max_j r_{ij}$$

mit

$$r_{ij} = l_{ij} - \min_i l_{ij} \, .$$

Aus Satz 12.1 folgt, daß man beim Einsatz perfekter Information so vorgehen kann: Zunächst zur Regrettafel übergehen, in dieser wird dann die optimale Zeile der Spaltenminima gemäß (14.5) bestimmt. In der Regrettafel sind aber die Spaltenminima definitionsgemäß gleich Null, also wird $M(\epsilon_p) = 0$ und der Wert der perfekten Information somit

$$J(\epsilon_p) = M - 0 = M \tag{14.14}$$

Hier zeigt sich wieder die Sonderrolle des Regret-Modells in Sachen Information: Der Wert der perfekten Information ist gleich dem optimalen Wert des „Bedauerns" im no-data-Problem. Dies ist auch unmittelbar einsichtig, da die Regret-Regel die Ergebnisse von vornherein nur im Vergleich mit den bestmöglichen bei gegebenem Zustand θ betrachtet.

c) Bayes-Regel

Es sei eine Bewertung $(p_1, p_2, \ldots, p_n)$ vorgegeben, wobei $\Sigma p_j = 1$. Zur Bestimmung der optimalen Bayes-Aktion war keine Normierung notwendig. Will man jedoch Informationswerte miteinander vergleichen, so ist eine Normierung unumgänglich. Die Normierung auf die Bewertungssumme 1 gestattet überdies, vom *durchschnittlichen* oder *Erwartungswert* der Information zu sprechen.

Für das no-data-Problem erhalten wir nach (7.9)

$$M = \min_i \varphi(a_i) = \min_i \sum_j p_j l_{ij}$$

Im Entscheidungsproblem mit perfekter Information haben wir die Bewertung auf die Zeile d_0, also

$$(\min_i l_{i1} \quad \min_i l_{i2} \ldots \min_i l_{in})$$

anzuwenden und erhalten somit

$$M(\epsilon_p) = \sum_j p_j \min_i l_{ij} \tag{14.15}$$

und

$$J(\epsilon_p) = \min_i \sum_j p_j l_{ij} - \sum_j p_j \min_i l_{ij} \tag{14.16}$$

Man kann (14.16) weiter umformen, wenn man beachtet, daß $\min_i l_{ij} = b_j$ in bezug auf den Zeilenindex i konstant ist.

$$J(\epsilon_p) = \min_i \sum_j p_i l_{ij} - \sum_j p_j b_j$$

$$= \min_i \left[\sum_j p_j l_{ij} - \sum_j p_j b_j \right]$$

$$= \min_i \sum_j p_j (l_{ij} - b_j)$$

$$= \min_i \sum_j p_j (l_{ij} - \min_i l_{ij})$$

oder

$$J(\epsilon_p) = \min_i \sum_j p_j r_{ij} \qquad (14.17)$$

Gleichung (14.17) besagt, daß der Wert der perfekten Information gleich dem Bayes-Wert der zugehörigen Regrettafel ist. Wiederum zeigt sich die Rolle des Regret-Modells, wenn es um die Bestimmung des Informationswertes geht.

Im Falle der *Laplace-Regel* wird der Ausdruck für den Wert besonders einfach. Hier ist $(p_1, \ldots, p_n) = \left(\frac{1}{n}, \ldots, \frac{1}{n} \right)$ und somit

$$n \cdot J(\epsilon_p) = \min_i \sum_j l_{ij} - \sum_i \min_i l_{ij} \qquad (14.18)$$

Zum Begriff des Erwartungswertes der perfekten Information sei noch folgendes bemerkt: Es kann vorkommen, daß *nach* Bekanntgabe des „wahren" Zustandes θ (also nach dem Erhalten der perfekten Information) der minimale Verlust sich als größer herausstellt als der minimale *Durchschnitts*verlust vor Erhalt der Information.

Beispiel 14.3. Gegeben sei die nachstehende Verlusttafel eines no-data-Problems; der Wert der perfekten Information wird mit der Bewertung (0,5 0,5) bestimmt:

	0,5	0,5		
	θ_1	θ_2	$\sum p_i l_{ij}$	Es wird
a_1	⑩	8	9	$M = \quad 8$
a_2	12	4	8	$M(\epsilon_p) = 6$
a_3	30	2	16	$J(\epsilon_p) = 8 - 6 = 2$
d_0	10	2	6	

Vor Einlangen einer Information ist a_2 die optimale Aktion, der minimale Durchschnittsverlust beträgt 8. Der Wert der perfekten Information ist 2.

Es wird mitgeteilt, daß θ_1 zutrifft. *Nach* Einlangen dieser Mitteilung ist a_1 die optimale Aktion, der minimale Verlust beträgt 10.

Dieses Beispiel lehrt: Schlechte „Nachricht" und schlechte (= geringwertige) Information sind Dinge, die nicht verwechselt werden dürfen. Der Wert der Information ergibt sich immer aus einer Betrachtung, die *vor* der Übermittlung des Informationsinhalts ansetzt.

Wir verzichten hier darauf, allgemeine Formeln für den Wert der perfekten Information im Falle der Hurwicz-Regel und der Hodges-Lehmann-Regel zu geben, da einerseits diese Regeln selten verwendet werden und andererseits die erhaltenen Ausdrükke sich auch nicht durch besondere Einfachheit auszeichnen. Beispiel 14.2. zeigt das einfache Schema einer numerischen Berechnung im Fall der Hodges-Lehmann-Regel. Stattdessen sei am Ende dieses Teilabschnitts eine Übersicht gegeben, die zeigt, welche verschiedenen Werte die perfekte Information haben kann, sofern man die Entscheidungsregel variiert.

R e g e l	Röntgen- test-Bei- spiel 12.1	Ausflugs- Beispiel 12.2	Münzwurf- Beispiel 12.3
	Wert der perfekten Information		
Minimax-Verlust-Regel	0	4,0	1,0
Minimax-Regret-Regel	10,0	4,0	1,0
Bayes-Regel Bewertung (0,2 0,8)	2,0	1,6	0,2
Bewertung (0,7 0,3)	7,0	2,1	0,7
Laplace-Regel	5,0	3,0	0,5
Hurwicz-Regel $\alpha = 0,4$	6,0	2,8	0,4
Hodges-Lehmann-Regel $\lambda = 0,3$			
Bewertung (0,2 0,8)	0,6	3,88	0,9

C. Der Wert der Information beliebiger Zufallsexperimente

Zunächst werden die Symbole zusammengestellt, welche der Formalisierung der allgemeinen Definition des Informationswertes dienen sollen, wie sie in Definition 14.1 gegeben wurde.

Es sei

ϵ . . .   ein beliebiges Zufallsexperiment mit Resultatmenge $\mathfrak{X}$ und den bedingten Wahrscheinlichkeiten $P(x_k|\theta_j)$

ϵ_p ... das Zufallsexperiment „perfekte Information",
wie in Abschnitt B beschrieben

M ... der minimale Verlust auf der Aktionenmenge
$\mathfrak{U}$ des no-data-Problems

$M(\epsilon)$ ... der minimale Verlust auf der Menge der Entscheidungsfunktionen, gebildet mit der
Resultatmenge $\mathfrak{X}$ von ϵ.

Die Definition 14.1 wird nun formalisiert und ergänzt durch

Definition 14.2. a) Der *Wert* der durch das Zufallsexperiment übermittelten Information ist

$$J(\epsilon) = M - M(\epsilon) \tag{14.19}$$

b) Der *relative Wert* der durch das Zufallsexperiment übermittelten Information ist gegeben durch

$$RJ(\epsilon) = \frac{J(\epsilon)}{J(\epsilon_p)} = \frac{M - M(\epsilon)}{M - M(\epsilon_p)} \tag{14.20}$$

Für den relativen Informationswert gilt also

$$0 \leqslant RJ(\epsilon) \leqslant 1 \tag{14.21}$$

Die Zahl $RJ(\epsilon)$ dient nicht so sehr Nutzenbetrachtungen, sondern der Beurteilung der „Wirksamkeit" des Zufallsexperiments
im Vergleich mit der „bestwirksamen" Beseitigung der Unsicherheit, nämlich der perfekten Information.

Einigermaßen handliche, allgemeine Formeln für $J(\epsilon)$ lassen
sich nur im Falle der *Bayes-Regel* finden. Bei anderen Entscheidungsregeln, insbesondere der Minimax-Verlust-Regel,
muß man auf eine direkte Bestimmung der Zeilenfunktion
$l(d, \theta)$, zumindest für die zulässigen Entscheidungsfunktionen,
zurückgreifen. Zustandsmengen mit nur zwei Zuständen θ_1, θ_2
gestatten eine graphische Darstellung in der Zeichenebene.
Wir wollen zum Abschluß dieses Paragraphen von dieser Möglichkeit Gebrauch machen und dabei die Gelegenheit benutzen,
Rechenschemata zur Gewinnung der Zeilenfunktionen $l(d, \theta)$
vorzuführen.

Zunächst sei aber der Fall der Bayes-Regel durchgeführt.
Nach dem Hauptsatz 13.1. geht die Ermittlung der optimalen Entscheidungsfunktion über die Auffindung der optimalen
Aktion in s no-data-Problemen, jeweils mit den a-posteriori-
Bewertungen $P(\theta_j|x_k)$, k = 1, . . . , s. Zur Ermittlung von
$M(\epsilon)$ kann man denselben Weg einschlagen: *Wenn* x_k beobachtet wurde, *dann* beträgt der zugehörige minimale Verlust

$$\min_i \sum_j l_{ij} P(\theta_j|x_k) = M(\epsilon, x_k) \tag{14.22}$$

Nun wird aber der Wert x_k mit der Wahrscheinlichkeit $P(x_k)$ beobachtet, folglich ist $M(\epsilon)$ das gewogene Mittel $\sum_k M(\epsilon, x_k) P(x_k)$ oder

$$M(\epsilon) = \sum_k [\min_i \sum_j l_{ij} P(\theta_j|x_k)] P(x_k) \qquad (14.23)$$

Setzt man

$$P(\theta_j|x_k) = \frac{P(x_k|\theta_j)}{P(x_k)} \cdot P(\theta_j) \qquad (14.24)$$

in (14.23) ein, so erhält man schließlich

$$M(\epsilon) = \sum_k \min_i \sum_j l_{ij} P(x_k|\theta_j) P(\theta_j) \qquad (14.25)$$

In Formel (14.25) kommen nur noch die a-priori-Bewertungen $P(\theta_j)$ und die bedingten Wahrscheinlichkeiten $P(x_k|\theta_i)$ vor. Für den Vergleich mit den Formeln für perfekte Information wählen wir die kompaktere Notation

$$P(\theta_j) = p_j \qquad P(x_k|\theta_j) = p_{kj} \qquad (14.26)$$

Der Wert der Information $J(\epsilon) = M - M(\epsilon)$ kann dann in folgender Weise geschrieben werden:

$$J(\epsilon) = \min_i \sum_j l_{ij} p_j - \sum_k \min_i \sum_j l_{ij} p_j p_{kj} \qquad (14.27)$$

Die Hauptarbeit bei der Ermittlung von $M(\epsilon)$ liegt in der Berechnung der $m \cdot s$ Summen $\sum_j l_{ij} p_j p_{kj}$, $i = 1, \ldots, m$ $k = 1, \ldots, s$. Man sieht jedoch leicht, daß man für diese Rechnungen im Prinzip dasselbe Schema verwenden kann, das schon zur Berechnung der optimalen Bayes-Entscheidungsfunktion (siehe Beispiel 13.1) diente. Wir führen dies zunächst am Ausflugsbeispiel vor.

Beispiel 14.4. Es soll der Wert der Barometerablesung (eingeschränkte und ausführliche Ablesung, siehe Beispiel 12.2) berechnet werden.

Allgemeines Schema

	θ_1	θ_2
x_1	p_{11}	p_{12}
x_2	p_{21}	p_{22}
	p_1	p_2

Neben den Bezeichnungen von (14.27) verwenden wir noch die Abkürzungen:

$$\langle a_i\,x_k \rangle = \sum_j l_{ij}\,p_j\,p_{kj}$$

$$\langle a_i\,\theta \rangle = \sum_j l_{ij}\,p_j$$

	θ_1	θ_2	x_1	x_2	no-data
x_1	$p_{11}\,p_1$	$p_{12}\,p_2$			
x_2	$p_{21}\,p_1$	$p_{22}\,p_2$			
a_1	l_{11}	l_{12}	$\langle a_1\,x_1 \rangle$	$\langle a_1\,x_2 \rangle$	$\langle a_1\,\theta \rangle$
a_2	l_{21}	l_{22}	$\langle a_2\,x_1 \rangle$	$\langle a_2\,x_2 \rangle$	$\langle a_2\,\theta \rangle$
a_3	l_{31}	l_{32}	$\langle a_3\,x_1 \rangle$	$\langle a_3\,x_2 \rangle$	$\langle a_3\,\theta \rangle$
d_0	$\min_i l_{i1}$	$\min_i l_{i2}$			$\langle d_0\,\theta \rangle$

Einführung der Zahlenwerte in das allgemeine Schema ergibt:

	θ_1	θ_2
x_1	0,80	0,35
x_2	0,20	0,65
	0,7	0,3

	θ_1	θ_2	x_1	x_2	no-data	
x_1	0,560	0,105				
x_2	0,140	0,195				
a_1	0	10	*1,050*	*1,950*	*3,0*	←M
a_2	2	7	*1,855*	*1,645*	*3,5*	
a_3	8	3	*4,795*	*1,735*	*6,5*	
d_0	0	3			*0,9*	← M(ϵ_p)

$$1,050 + 1,645 = 2,695 \qquad \leftarrow M(\epsilon)$$

Man erhält:

Wert der perfekten Information: $J(\epsilon_p) = 3,0 - 0,9 = 2,1$

Wert der Barometerablesung: $J(\epsilon) = 3,0 - 2,695 = 0,305$

relativer Wert der Barometerablesung: $RJ(\epsilon) = \dfrac{0,305}{2,1} = 14,5\%$

Wir wollen nun den Wert der eingeschränkten Barometerablesung mit dem Wert des entsprechenden ausführlichen Experiments vergleichen, das mit drei Versuchsergebnissen arbeitet. Dazu können wir direkt die Ergebnisse des Beispiels 13.1. verwenden. Wir müssen nur darauf achten, die Normierung der Bewertung (7 3) vorzunehmen. M(ϵ) gewinnt man einfach aus der Summe der dort unterstrichenen Zahlen:

$$M(\epsilon) = \frac{1}{10} \ (6,0 + 9,0 + 10,1) = 2,51$$

und daraus den Wert der ausführlichen Barometerablesung:

$$J(\epsilon) = M - M(\epsilon) = 3,0 - 2,51 = 0,49.$$

Der relative Wert wird:

$$RJ(\epsilon) = \frac{0,49}{2,1} \ = 23,3\%$$

Wie zu erwarten, steigt der Informationswert des Zufallsexperiments, wenn mehr „Daten" herangezogen werden. Man beachte aber, daß dies nicht immer der Fall sein muß. Entscheidend sind die bedingten Wahrscheinlichkeiten $P(x_k|\theta_j) = p_{kj}$. Eine Barometerablesung mit der Tafel

	x_1	x_2	x_3
θ_1	0,6	0,2	0,2
θ_2	0,3	0,3	0,4

hat einen relativen Informationswert von nur 3,3%. Tafeln, in denen die Zeilen bzw. die zu verschiedenen θ_j gehörigen bedingten Verteilungen gleich sind, haben – wie unmittelbar einzusehen – den Informationswert Null.

Will man die Minimax-Verlust(Regret)-Regel der Berechnung von J(ϵ) für ein beliebiges Zufallsexperiment ϵ zugrundelegen, so muß man, wie schon oben gesagt, im allgemeinen auf die direkte Darstellung des Entscheidungsproblems zurückgreifen, es sei denn, man hätte spezielle Sätze zur Auffindung von Minimax-Strategien zur Verfügung. Ohne die Zuhilfenahme solcher Sätze ist es nur in einfachen Fällen möglich, durch Aufschreiben aller Entscheidungsfunktionen die Berechnung von M(ϵ) und damit von J(ϵ) durchzuführen. Das liegt natürlich an der sehr rasch anwachsenden Zahl der Entscheidungsfunktionen für größere Werte von $\|\mathfrak{A}\| = m$ und $\|\mathfrak{X}\| = s$.

Beim Beispiel des Ausflugsproblems ist eine direkte Rechnung noch relativ leicht möglich. In den Übersichten 3 und 4 (S. 134 und S. 135f.) wird ein Schema für die Auswertung der Ausdrücke

$$l(d, \theta) = \sum_k l(d(x_k), \theta) \ P(x_k|\theta)$$

vorgeschlagen. Der Rechengang, welcher mit einer Zusammenstellung aller Produkte $l(a_i, \theta_j) \ P(x_k|\theta_j)$ beginnt und diese dann in eine Liste der Entscheidungsfunktionen einträgt, ist aus den beiden Übersichten wohl unmittelbar nachvollziehbar. Die

Regrettafeln r(d, θ) sind aus den beiden Übersichten unmittelbar abzulesen.

Für die Berechnung der M(ϵ) sind natürlich nur die zulässigen Entscheidungsfunktionen von Interesse. Sie sind in den Übersichten 3 und 4 besonders gekennzeichnet.

In Fig. 14.1. findet man schließlich die konvexen Mengen aller *gemischten* Entscheidungsfunktionen für das no-data-Problem, das Problem mit eingeschränkter und mit ausführlicher Barometerablesung so in einem Schaubild vereinigt, daß deutlich ersichtlich wird, wie die Erweiterung der experimentellen Mittel, vom no-data-Problem ausgehend eine Senkung des Wertes M(ϵ) bewirkt.

Bei dieser Gelegenheit sei noch auf die Bedeutung eines bisher im Informationskonzept nicht berücksichtigten Gesichtspunktes, nämlich der Randomisierung von Entscheidungsfunktionen hingewiesen. Bei den Minimax-Regeln (nicht jedoch bei den Bayes-Regeln) bewirkt das Mischen von Entscheidungsfunktionen im allgemeinen eine weitere Verbesserung des minimalen Wertes M(ϵ).

Die Randomisierung von Entscheidungsfunktionen sollte jedoch nur mit einer gewissen Vorsicht in das Informationskonzept eingebaut werden. Es sei M(ϵ)$_{rand}$ der Minimax-Verlustwert, berechnet auf der Menge der randomisierten Entscheidungsfunktionen, M$_{rand}$ der Minimax-Verlust(Regret)-wert im randomisierten no-data-Problem. Dann setzt man

$$J(\epsilon)_{rand} = M_{rand} - M(\epsilon)_{rand} \qquad (14.28)$$

Es kann durchaus vorkommen, daß bei einem bestimmten Zufallsexperiment ϵ gilt:

$$J(\epsilon)_{rand} < J(\epsilon) \qquad (14.29)$$

Beim Ausflugsbeispiel gilt in der Tat (14.29). Dies kann aus den nachstehenden Zusammenfassungen entnommen werden, in denen die optimalen Entscheidungsfunktionen und die Minimax-Verlust(Regret)-Werte im Ausflugsproblem aufgeführt sind.

Ausflugsbeispiel in der Fassung	Minimax-Verlust-Regel optimale Strategie		Minimax-Regret-Regel optimale Strategie	
	rein	randomisiert	rein	randomisiert
no-data	a_2	$0,50a_2 + 0,50a_3$	a_2	$0,80a_2 + 0,20a_3$
eingeschränkte Ablesung	d_6	$0,81d_6 + 0,19d_9$	d_3	$0,68d_3 + 0,32d_6$
vollständige Ablesung	d_{18}	d_{18}	d_9	$0,42d_6 + 0,58d_9$
	Minimax-Verlust		Minimax-Regret	
no-data	7,00	5,00	4,00	3,20
eingeschränkte Ablesung	4,40	4,13	2,45	2,11
vollständige Ablesung	3,80	3,80	2,40	1,90

Übersicht 3. Tabellenschema zur Gewinnung der Verlusttafel $l(d, \theta)$
         Ausflugsbeispiel, eingeschränkte Barometerablesung

a) Produkte $l(a_i, \theta_j)\, P(x_k | \theta_j)$

	$P(x_1 | \theta_1)$	$P(x_2 | \theta_1)$
$l(a_1, \theta_1)$	0	0
$l(a_2, \theta_1)$	1,60	0,40
$l(a_3, \theta_1)$	6,40	1,60

	$P(x_1 | \theta_2)$	$P(x_2 | \theta_2)$
$l(a_1, \theta_2)$	3,50	6,50
$l(a_2, \theta_2)$	2,45	4,55
$l(a_3, \theta_2)$	1,05	1,95

b) Berechnung der Verlusttafel

	d(x_1)	d(x_2)	$l(d(x_k), \theta_1) \cdot P(x_k\vert\theta_2)$ für $\underset{x_1}{\searp}$ ...		$\Sigma = k$	$l(d(x_k), \theta_1) \cdot P(x_k\vert\theta_2)$ für		$\Sigma = k$
			x_1	x_2	$l(d, \theta_1)$	x_1	x_2	$l(d, \theta_2)$
• d_1	a_1	a_1	0	0	0	3,50	6,50	10,00
• d_2	a_1	a_2	0	0,40	0,40	3,50	4,55	8,05
• d_3	a_1	a_3	0	1,60	1,60	3,50	1,95	5,45
d_4	a_2	a_1	1,60	0	1,60	2,45	6,50	8,95
d_5	a_2	a_2	1,60	0,40	2,00	2,45	4,55	7,00
• d_6	a_2	a_3	1,60	1,60	3,20	2,45	1,95	4,40
d_7	a_3	a_1	6,40	0	6,40	1,05	6,50	7,55
d_8	a_3	a_2	6,40	0,40	6,80	1,05	4,55	5,60
• d_9	a_3	a_3	6,40	1,60	8,00	1,05	1,95	3,00

zulässige Entscheidungsfunktionen wurden durch „•" gekennzeichnet.

Übersicht 4. Tabellenschema zur Gewinnung der Verlusttafel $l(d, \theta)$
Ausflugsbeispiel, ausführliche Barometerablesung

a) Produkte $l(a_i, \theta_j)\ P(x_k\vert\theta_j)$

	$P(x_1\vert\theta_1)$	$P(x_2\vert\theta_1)$	$P(x_3\vert\theta_1)$
$l(a_1, \theta_1)$	0	0	0
$l(a_2, \theta_1)$	1,40	0,40	0,20
$l(a_3, \theta_1)$	5,60	1,60	0,80

	$P(x_1\vert\theta_2)$	$P(x_2\vert\theta_2)$	$P(x_3\vert\theta_2)$
$l(a_1, \theta_2)$	2,00	3,00	5,00
$l(a_2, \theta_2)$	1,40	2,10	3,50
$l(a_3, \theta_2)$	0,60	0,90	1,50

b) Berechnung der Verlusttafel

	$d(x_1)$	$d(x_2)$	$d(x_3)$	$l(d(x_k), \theta_1) \cdot P(x_k|\theta_1)$ für			Σ_k		$l(d(x_k), \theta_2) \cdot P(x_k|\theta_2)$ für			Σ_k	
				x_1	x_2	x_3	$l(d, \theta_1)$		x_1	x_2	x_3	$l(d, \theta_2)$	
• d_1	a_1	a_1	a_1	0	0	0	0		2,00	3,00	5,00	10,00	
• d_2	a_1	a_1	a_2	0	0	0,20	0,20		2,00	3,00	3,50	8,50	
d_3	a_1	a_1	a_3	0	0	0,80	0,80		2,00	3,00	1,50	6,50	
d_4	a_1	a_2	a_1	0	0,40	0	0,40		2,00	2,10	5,00	9,10	
• d_5	a_1	a_2	a_2	0	0,40	0,20	0,60		2,00	2,10	3,50	7,60	
• d_6	a_1	a_2	a_3	0	0,40	0,80	1,40		2,00	2,10	1,50	5,60	
d_7	a_1	a_3	a_1	0	1,60	0	1,60		2,00	0,90	5,00	7,90	
d_8	a_1	a_3	a_2	0	1,60	0,20	1,80		2,00	0,90	3,50	6,40	
d_9	a_1	a_3	a_3	0	1,60	0,80	2,40		2,00	0,90	1,50	4,40	
d_{10}	a_2	a_1	a_1	1,40	0	0	1,40		1,40	3,00	5,00	9,40	
d_{11}	a_2	a_1	a_2	1,40	0	0,20	1,60		1,40	3,00	3,50	7,90	

d_{12}	a_2	a_2	a_3	1,40	0	0,80	2,20	1,40	3,00	1,50	5,90
d_{13}	a_2	a_2	a_1	1,40	0,40	0	1,80	1,40	2,10	5,00	8,50
d_{14}	a_2	a_2	a_2	1,40	0,40	0,20	2,00	1,40	2,10	3,50	7,00
d_{15}	a_2	a_2	a_3	1,40	0,40	0,80	2,60	1,40	2,10	1,50	5,00
d_{16}	a_2	a_3	a_1	1,40	1,60	0	3,00	1,40	0,90	5,00	7,30
d_{17}	a_2	a_3	a_2	1,40	1,60	0,20	3,20	1,40	0,90	3,50	5,80
•d_{18}	a_2	a_3	a_3	1,40	1,60	0,80	3,80	1,40	0,90	1,50	3,80
d_{19}	a_3	a_1	a_1	5,60	0	0	5,60	0,60	3,00	5,00	8,60
d_{20}	a_3	a_1	a_2	5,60	0	0,20	5,80	0,60	3,00	3,50	7,10
d_{21}	a_3	a_1	a_3	5,60	0	0,80	6,40	0,60	3,00	1,50	5,10
d_{22}	a_3	a_2	a_1	5,60	0,40	0	6,00	0,60	2,10	5,00	7,70
d_{23}	a_3	a_2	a_2	5,60	0,40	0,20	6,20	0,60	2,10	3,50	6,20
d_{24}	a_3	a_2	a_3	5,60	0,40	0,80	6,80'	0,60	2,10	1,50	4,20
d_{25}	a_3	a_3	a_1	5,60	1,60	0	7,20	0,60	0,90	5,00	6,50
d_{26}	a_3	a_3	a_2	5,60	1,60	0,20	7,40	0,60	0,90	3,50	5,00
•d_{27}	a_3	a_3	a_3	5,60	1,60	0,80	8,00	0,60	0,90	1,50	3,00

zulässige Entscheidungsfunktionen wurden durch „•" gekennzeichnet

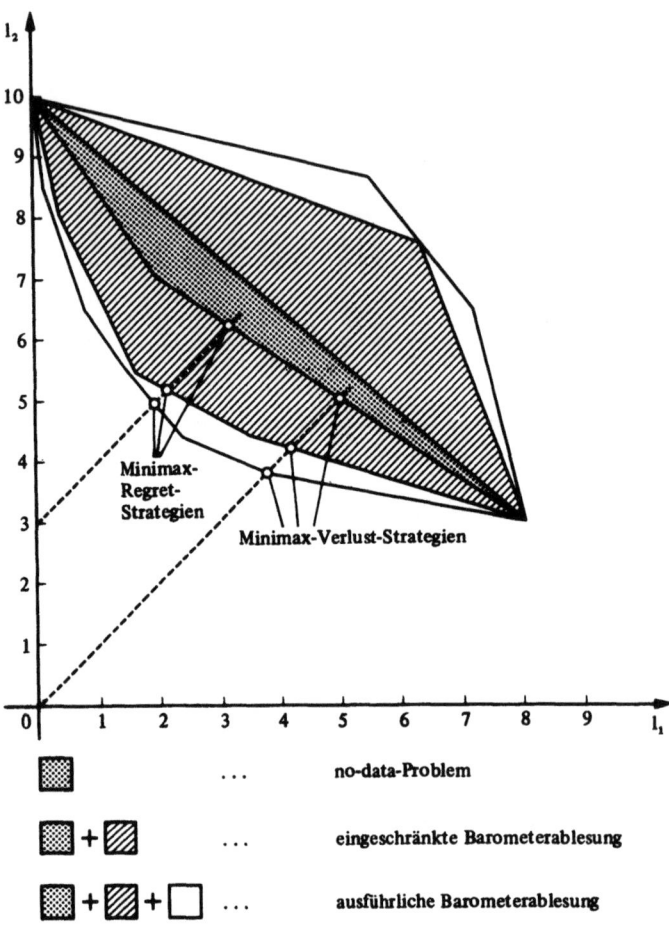

Fig. 14.1. Vergleich der Verlustmengen im Ausflugsproblem.

Anhang

A 1. Einige Folgerungen aus der Definition der zusammengesetzten Lotterie

Es seien P, Q sowie $P_1, \ldots, P_k$ Elemente von $\mathfrak{W}$; wenn nicht
anders angegeben, stammen alle verwendeten Zahlen aus dem
Intervall [0, 1]. Dann gelten folgende Beziehungen:

M 1 $1\,P + 0\,Q = P$

M 2 $\alpha\,P + (1 - \alpha)\,Q = (1 - \alpha)\,Q + \alpha\,P$

M 3 $\alpha\,[\beta\,P + (1 - \beta)\,Q] + (1 - \alpha)\,Q = \alpha\beta\,P + [1 - \alpha\beta]\,Q$

M 4 $\alpha[\beta_1\,P_1 + \ldots + \beta_k\,P_k] + (1 - \alpha)\,Q$
$$= \alpha\beta_1\,P_1 + \ldots + \alpha\beta_k\,P_k + (1 - \alpha)\,Q$$

$$\text{mit } k \geqslant 2 \text{ und } \sum_{i=1}^{k} \beta_i = 1$$

Die Regeln M 1 bis M 3 kann man unter Beachtung der Definition 6.2. unmittelbar aus elementaren Gesetzen der Wahrscheinlichkeitstheorie erhalten. Insbesondere zeigt M 3, wie
das „Zusammensetzen" von Lotterien vor sich geht, wenn man
die Unabhängigkeit der lotterieerzeugenden Mechanismen vor-
aussetzt.

Obwohl alle Aussagen über gemischte Lotterien durch einen
Rekurs auf die Wahrscheinlichkeitsrechnung gewonnen werden
können, ist es auch möglich und sinnvoll, M 1 bis M 3 als die
Grundlagen eines *formalen Kalküls* mit Lotterien zu verwenden,
wobei die Zusammensetzung von Lotterien abstrakt als Verknüpfung in der Menge der Lotterien aufgefaßt wird.[25]

Man beachte dabei, daß Ausdrücke der Form $\alpha\,P + \beta\,Q$ mit
$\alpha + \beta \neq 1$ nicht in diesem Kalkül vorkommen und in diesem
Zusammenhang als nicht zulässig angesehen werden müssen.

Als Beispiel für das Funktionieren des Kalküls sei die Ab-
leitung einiger Regeln aus M 1 bis M 3 vorgeführt, die beim
Beweis des Hauptsatzes in A 3 verwendet werden:

---

25 Siehe Fishburn (1970), S. 110 ff., wo die Regeln M 1, M 2 und M 3
    zur Definition von „mixture sets" verwendet werden.

$$\alpha P + (1 - \alpha) P = P \qquad\qquad\qquad\qquad\qquad\text{M 5}$$

$$\alpha[\beta P + (1 - \beta) Q] + (1 - \alpha) [\gamma P + (1 - \gamma) Q]$$
$$= [\alpha\beta + (1 - \alpha) \gamma] P + [\alpha(1 - \beta) + (1 - \alpha)(1 - \gamma)] Q \quad\text{M 6}$$

$$\alpha[\beta_1 P_1 + \ldots + \beta_{k-1} P_{k-1} + \beta_k P_k] + (1 - \alpha) P_k$$
$$= \alpha\beta_1 P_1 + \ldots + \alpha\beta_{k-1} P_{k-1} + (1 - \alpha + \alpha\beta_k) P_k \quad\text{M 7}$$
$$\text{für } k \geqslant 3.$$

Die Ableitungen der Regeln M 5 bis M 7 funktionieren in folgender Weise:

$$M 5 \quad \alpha P + (1 - \alpha) P = \alpha[1 P + 0 P] + (1 - \alpha) P \qquad\qquad\text{M 1}$$
$$= \alpha[0 P + 1 P] + (1 - \alpha) P \qquad\qquad\text{M 2}$$
$$= (\alpha \cdot 0) P + [1 - \alpha \cdot 0] P \qquad\qquad\text{M 3}$$
$$= 0 P + 1 P$$
$$= 1 P + 0 P \qquad\qquad\qquad\qquad\text{M 2}$$
$$= P \qquad\qquad\qquad\qquad\qquad\text{M 1.}$$

M 6   Hier verwendet unter anderem M 3 in der Version

$$\frac{\beta}{\gamma} [\gamma P + (1 - \gamma) Q] + \left(1 - \frac{\beta}{\gamma}\right) Q = \beta P + (1 - \beta) Q \,.$$
$$0 < \gamma \leqslant \beta \qquad\qquad\qquad\qquad\qquad\text{(A.1.1)}$$

Wir setzen also (ohne Beschränkung der Allgemeinheit) voraus, daß $0 < \gamma \leqslant \beta$.

$$\alpha[\beta P + (1 - \beta) Q] + (1 - \alpha) [\gamma P + (1 - \gamma) Q]$$

$$= \alpha\left\{\frac{\beta}{\gamma} [\gamma P + (1 - \gamma) Q] + \left(1 - \frac{\beta}{\gamma}\right) Q\right\} +$$
$$+ (1 - \alpha) [\gamma P + (1 - \gamma) Q] \qquad\qquad\text{M 3}$$

$$= \alpha\left\{\left(1 - \frac{\beta}{\gamma}\right) Q + \frac{\beta}{\gamma} \underbrace{[\gamma P + (1 - \gamma) Q]}_{= T}\right\} +$$
$$+ (1 - \alpha) \underbrace{[\gamma P + (1 - \gamma) Q]}_{= T} \qquad\qquad\text{M 2}$$

$$= \alpha\left\{\left(1 - \frac{\beta}{\gamma}\right) Q + \frac{\beta}{\gamma} T\right\} + (1 - \alpha) T$$

$$= \alpha\left(1 - \frac{\beta}{\gamma}\right) Q + \left(\frac{\alpha\beta}{\gamma} + 1 - \alpha\right) T \qquad\qquad\text{M 3}$$

$$= \left(1 - \alpha + \frac{\alpha\beta}{\gamma}\right) T + \left(\alpha - \frac{\alpha\beta}{\gamma}\right) Q \qquad\qquad \text{M 2}$$

$$= \left(1 - \alpha + \frac{\alpha\beta}{\gamma}\right) [\gamma P + (1 - \gamma) Q] + \left(\alpha - \frac{\alpha\beta}{\gamma}\right) Q$$

$$= (\gamma - \alpha\gamma + \alpha\beta) P + \left[\left(1 - \alpha + \frac{\alpha\beta}{\gamma}\right)(1 - \gamma) + \left(\alpha - \frac{\alpha\beta}{\gamma}\right)\right] Q$$
$$\text{M 3}$$

$$= [\alpha\beta + (1 - \alpha)\gamma] P + [\alpha(1 - \beta) + (1 - \alpha)(1 - \gamma)] Q.$$

M 7
$$\alpha[\beta_1 P_1 + \ldots + \beta_{k-1} P_{k-1} + \beta_k P_k] + (1 - \alpha) P_k$$

$$= \alpha\left\{(1 - \beta_k)\left[\frac{\beta_1}{1 - \beta_k} P_1 + \ldots + \frac{\beta_{k-1}}{1 - \beta_k} P_{k-1}\right] + \beta_k P_k\right\}$$
$$+ (1 - \alpha) P_k \qquad\qquad \text{M 4}$$

$$= \alpha(1 - \beta_k)\left[\frac{\beta_1}{1 - \beta_k} P_1 + \ldots + \frac{\beta_{k-1}}{1 - \beta_k} P_{k-1}\right]$$
$$+ (1 - \alpha + \alpha\beta_k) P_k \qquad\qquad \text{M 3}$$

$$= \alpha\beta_1 P_1 + \ldots + \alpha\beta_{k-1} P_{k-1} + (1 - \alpha + \alpha\beta_k) P_k \qquad \text{M 4}$$

A 2. Bemerkungen über beschränkte Mengen von reellen
Zahlen

Es sei $\mathfrak{M}$ eine Menge reeller Zahlen, also $\mathfrak{M} \subset \mathbb{R}$. Aus den
speziellen Eigenschaften der durch die Relation „$\leqslant$" geord-
neten Menge $\mathbb{R}$ leitet man unter anderem ab:
Ist $\mathfrak{M}$ nach oben beschränkt (existiert eine obere Grenze),
so existiert auch die kleinste obere Grenze sup $\mathfrak{M}$. Ist $\mathfrak{M}$ nach
unten beschränkt (existiert eine untere Grenze), so existiert
auch die größte untere Grenze inf $\mathfrak{M}$.
Beim Beweis des Hauptsatzes (siehe A 3) benötigen wir den

Hilfssatz A 21. Es sei $\mathfrak{M} \subset \mathbb{R}$ und es existiere $\tau = \sup \mathfrak{M}$.
Ferner existiere eine Zahl x mit den Eigenschaften $x \notin \mathfrak{M}$
und $x < \tau$. Dann gibt es eine Zahl $y \in \mathfrak{M}$ mit der Eigenschaft

$$x < y \leqslant \tau \qquad\qquad\qquad\qquad\qquad (\text{A.2.1})$$

Beweis. Würde eine solche Zahl nicht existieren, dann wäre

$$\tau - \frac{1}{2}\,|\tau - x| = \frac{1}{2}\,(x + \tau) < \tau \text{ eine obere Schranke von } \mathfrak{M}.$$

Dies steht im Widerspruch zur Tatsache, daß τ die kleinste obere Schranke ist.

A 3.   Beweis des Hauptsatzes der kardinalen Nutzentheorie

Der Beweis des Hauptsatzes soll hier in einer einfacheren Version gegeben werden, in der das Axiom N 2 durch ein stärkeres, nämlich N 2′ ersetzt wird. Dadurch werden einige ziemlich langwierige Beweise gewisser Hilfssätze sehr vereinfacht bzw. überflüssig.[26] Weiter wird die Voraussetzung b), die in § 6 bei der Formulierung des Satzes verwendet wurde, hier als Axiom N 4 aufgeführt.

Gegeben sei eine Menge $\mathfrak{W}$ von einfachen Lotterien auf einer Objektmenge $\mathfrak{O}$. Die Verknüpfung von einfachen Lotterien werde durch die Regeln M 1 bis M 4 aus A 1 beschrieben. Die *Prämissen* des Hauptsatzes sind:

N 1   Auf der Menge $\mathfrak{W}$ existiert eine schwache Präferenzrelation „$\precsim$".

N 2′   Wenn $0 < \alpha \leqslant 1$, dann gilt

$$P \precsim Q \Leftrightarrow \alpha P + (1 - \alpha)\,R \precsim \alpha Q + (1 - \alpha)\,R$$

N 3   Es sei $P \prec Q \prec R$. Dann gibt es Zahlen α, β mit $0 < \alpha, \beta < 1$, so daß gilt

$$\alpha P + (1 - \alpha)\,R \prec Q \prec \beta P + (1 - \beta)\,R$$

N 4   In $\mathfrak{W}$ gibt es zwei Lotterien P, Q mit $P \prec Q$.

Dann behauptet der Hauptsatz: Es gibt eine Funktion $u : \mathfrak{W} \to \mathbb{R}$ mit den Eigenschaften U1, U2 und U3:

U 1   Die Funktion u ist monoton in bezug auf „$\precsim$":

$$P \precsim Q \Leftrightarrow u(P) \leqslant u(Q)$$

U 2   Linearität:

$$u(\alpha_1 P_1 + \ldots + \alpha_k P_k) = \alpha_1\,u(P_1) + \ldots + \alpha_k\,u(P_k)$$

$$\alpha_i \geqslant 0 \quad \Sigma \alpha_i = 1$$

---

26 Das Axiom N 2′ wurde aus Ferguson (1967), S. 14 genommen. Einen vollständigen Beweis, der nur die ursprünglichen, schwächeren Annahmen benutzt, siehe bei Fishburn (1970), S. 111 ff.

U 3   Eindeutigkeit bis auf lineare Transformationen:
        Zwei Funktionen u, v welche U 1 und U 2 erfüllen, sind
        durch $u(P) = a \, v(P) + b$ mit $a > 0$ verbunden.

Beim Beweis des Hauptsatzes sollen aus Gründen der besseren
Übersicht einige Teilaussagen herausgehoben und hier als
Hilfssätze vorangestellt werden. Zunächst wird die Bedingung
$N\,2'$ weiter ausgebaut:

Hilfssatz A 31. Wenn $0 < \alpha \leqslant 1$ dann gilt

a) $P \prec Q \Leftrightarrow \alpha P + (1 - \alpha)R \prec \alpha Q + (1 - \alpha)R$

b) $P \sim Q \Leftrightarrow \alpha P + (1 - \alpha)R \sim \alpha Q + (1 - \alpha)R$

Der *Beweis* dieses Hilfssatzes verläuft genau so wie der Beweis
von Satz 4.1., Teil a). An die Stelle von o_1 und o_2 treten P
und Q; an die Stelle der Funktionswerte $u(o_1)$ und $u(o_2)$ die
zusammengesetzten Lotterien $\alpha P + (1 - \alpha)R$ und $\alpha Q + (1 - \alpha)R$.
Dann wird das Axiom $N\,2'$ isomorph zu (4.1), die Behauptung a)
äquivalent (4.2), Behauptung b) äquivalent (4.3).

Hilfssatz A 32. Es sei $P \sim P'$ und $Q \sim Q'$. Dann ist

$$\alpha P + (1 - \alpha)Q \sim \alpha P' + (1 - \alpha)Q'$$

Beweis: $\alpha P + (1 - \alpha)Q \sim \alpha P' + (1 - \alpha)Q$ Hilfssatz A 31b
$ = (1 - \alpha)Q + \alpha P'$ M 2
$ \sim (1 - \alpha)Q' + \alpha P'$ Hilfssatz A 31b
$ = \alpha P' + (1 - \alpha)Q'$ M 2.

Die Kette der Gleichheits- und Äquivalenzaussagen ergibt die
geforderte Äquivalenzaussage des Hilfssatzes.

Hilfssatz A 33. Es sei $P \prec Q$. Dann gilt:

a) $\alpha < \beta \Leftrightarrow \beta P + (1 - \beta)Q \prec \alpha P + (1 - \alpha)Q$

b) $\alpha = \beta \Leftrightarrow \beta P + (1 - \beta)Q \sim \alpha P + (1 - \alpha)Q$

c) $\alpha \leqslant \beta \Leftrightarrow \beta P + (1 - \beta)Q \precsim \alpha P + (1 - \alpha)Q$.

Beweis. a) Wir unterscheiden zwei Fälle.

1. F a l l : $\alpha = 0, \beta = 1$. Dann ist

$$\alpha P + (1 - \alpha)Q = 0P + 1Q = 1Q + 0P = Q \qquad \text{M 2, M 1}$$
$$\beta P + (1 - \beta)Q = 1P + 0Q = P \qquad \text{M 1}$$

Da nach Voraussetzung $P \prec Q$, gilt in diesem Fall

$$\alpha < \beta \;\Rightarrow\; \beta P + (1 - \beta)Q \prec \alpha P + (1 - \alpha)Q.$$

2. F a l l : $0 < \beta - \alpha < 1$. Dann betrachten wir die Sequenz

$$\beta P + (1 - \beta)Q = (1 - \beta)Q + \beta P \qquad\qquad \text{M 2}$$

$$= [1 - (\beta - \alpha)]\left[\frac{1 - \beta}{1 - (\beta - \alpha)}\right] Q$$

$$+ \frac{\alpha}{1 - (\beta - \alpha)}\; P\Bigg] + (\beta - \alpha)\,P \qquad \text{M 3}$$

$$= (\beta - \alpha)P + [1 - (\beta - \alpha)]\;\left[\frac{1 - \beta}{1 - (\beta - \alpha)}\; Q\right.$$

$$+ \frac{\alpha}{1 - (\beta - \alpha)}\; P\Bigg] \qquad\qquad \text{M 2}$$

wegen $\beta - \alpha > 0$: $\prec (\beta - \alpha)Q + [1 - (\beta - \alpha)]\,[./.]$ Hilfssatz A 31a)

daraus durch Anwendung von M 2, M 2 und M 3
in dieser Reihenfolge:

$$= \alpha P + (1 - \alpha)Q.$$

Faßt man beide Fälle zusammen, erhält man insgesamt zunächst

$$\alpha < \beta \;\Rightarrow\; \beta P + (1 - \beta)Q \prec \alpha P + (1 - \alpha)Q \qquad (A.3.1)$$

Weiters sind zunächst drei Fälle für die andere Folgerungsrichtung denkbar:

$$\beta P + (1 - \beta)Q \prec \alpha P + (1 - \alpha)Q \longrightarrow \begin{array}{ll} \alpha < \beta & \text{i)} \\ \alpha = \beta & \text{ii) nicht möglich} \\ \alpha > \beta & \text{iii) nicht möglich} \end{array}$$

ii) ist nicht möglich, da die falsche Aussage $\alpha P + (1 - \alpha)\,Q$
$\prec \alpha P + (1 - \alpha)Q$ folgen würde
iii) ist nicht möglich, da durch A.3.1, angewendet auf $\beta < \alpha$,
die widersprechende Aussage $\alpha P + (1 - \alpha)Q \prec \beta P + (1 - \beta)Q$
folgen würde.
Also bleibt nur die Möglichkeit i), die zusammen mit (A.3.1)
die Teilaussage a) liefert.

b) Aus $\alpha = \beta$ folgt unmittelbar $\alpha P + (1 - \alpha)Q = \beta P + (1 - \beta)\,Q$
und somit wegen der Reflexivität von „$\sim$" auch
$\alpha P + (1 - \alpha)\,Q \sim \beta P + (1 - \beta)\,Q$:

$$\alpha = \beta \;\Rightarrow\; \alpha P + (1 - \alpha)\,Q \sim \beta P + (1 - \beta)Q \qquad (A.3.2)$$

Für die umgekehrte Folgerungsrichtung sind wieder drei Fälle denkbar:

$$\alpha P + (1-\alpha)Q \sim \beta P + (1-\beta)Q \begin{cases} \alpha < \beta & \text{i)} \quad \text{nicht möglich} \\ \alpha = \beta & \text{ii)} \\ \alpha > \beta & \text{iii)} \quad \text{nicht möglich} \end{cases}$$

i) und iii) sind nicht möglich, da diese Fälle über (A.3.1) die Aussagen $\alpha P + (1-\alpha)Q \succ \beta P + (1-\beta)Q$ bzw. $\alpha P + (1-\alpha)Q \prec \beta P + (1-\beta)Q$ liefern, welche mit $\alpha P + (1-\alpha)Q \sim \beta P + (1-\beta)Q$ im Widerspruch stehen. Also gilt

$$\alpha P + (1-\alpha)Q \sim \beta P + (1-\beta)Q \Rightarrow \alpha = \beta \qquad (A.3.3)$$

(A.3.2) und (A.3.3) liefern zusammen die Behauptung b).
c) Diese Behauptung folgt unmittelbar aus den beiden vorhergehenden Teilen a) und b) des Hilfssatzes. ∎

Hilfssatz A 34. Es sei $P \precsim T \precsim Q$ und $P \prec Q$. Dann gibt es eine eindeutig bestimmte Zahl α, so daß

$$T \sim \alpha P + (1-\alpha)Q.$$

Beweis: Zunächst zeigen wir, daß *höchstens* eine Zahl mit der geforderten Eigenschaft existiert. Ist nämlich

$$T \sim \alpha P + (1-\alpha)Q$$
$$T \sim \beta P + (1-\beta)Q$$

so folgt aus Hilfssatz A 33b) $\alpha = \beta$. Somit ist noch die *Existenz* einer Zahl α nachzuweisen. Dies erfolgt durch Konstruktion, wobei drei Fälle unterschieden werden:

1. F a l l. $T \sim P$.
Es ist $P = 1P + 0Q$ (wegen M 1), somit $T \sim 1P + 0Q$. $\alpha = 1$ ist die gesuchte Zahl.

2. F a l l. $T \sim Q$.
Es ist $Q = 1Q + 0P$ (wegen M 1) $= 0P + 1Q$ (wegen M 2), somit $T \sim 0P + 1Q$. $\alpha = 0$ ist die gesuchte Zahl.

3. F a l l. $P \prec T \prec Q$.
Wir betrachten die reelle Zahlenmenge

$$\mathfrak{M}(T) = \{x | T \prec xP + (1-x)Q\}$$

$\mathfrak{M}(T)$ ist beschränkt, also existiert $\alpha^* = \sup\mathfrak{M}(T)$. Wir behaupten: $\alpha = \alpha^*$ ist die gesuchte Zahl, d. h. es gilt

$$T \sim \alpha^*P + (1-\alpha^*)Q \qquad (A.3.4)$$

Der Nachweis von (A.3.4) erfolgt in zwei Teilen:

Teil a): $\underline{\alpha^*P + (1 - \alpha^*)Q \precsim T}$ d.h.: *nicht $\underline{T \prec \alpha^*P + (1 - \alpha^*)Q}$.*

$$(A.3.5)$$

Sollte $\alpha^* = 1$ sein, so ist (A.3.5) sicher richtig, da nach Voraussetzung sogar $1P + 0Q = P \prec T$ gilt. Also genügt es, den Fall $\alpha^* < 1$ zu betrachten. Angenommen, es wäre

$$P \prec T \prec \alpha^*P + (1 - \alpha^*)Q \qquad (A.3.6)$$

so gäbe es nach Axiom N 3 eine Zahl $\gamma \in (0, 1)$, so daß

$$T \prec \gamma P + (1 - \gamma)[\alpha^*P + (1 - \alpha^*)Q]$$

oder, nach mehrfacher Anwendung von M 2 sowie von M 3:

$$T \prec \alpha^{**}P + (1 - \alpha^{**})Q \quad \text{mit} \quad \alpha^{**} = \alpha^* + \gamma(1 - \alpha^*) \qquad (A.3.7)$$

(A.3.7) besagt gemäß der Definition von $\mathfrak{M}(T)$, daß $\alpha^{**} \in \mathfrak{M}(T)$ gilt. Andererseits ist aber

$$\alpha^{**} = \alpha^* + \gamma(1 - \alpha^*) > \alpha^* = \sup \mathfrak{M}(T). \quad \text{Widerspruch!}$$

Also gilt: nicht $T \prec \alpha^*P + (1 - \alpha^*)Q$.

Teil b): $\underline{T \precsim \alpha^*P + (1 - \alpha^*)Q}$ d.h.: *nicht $\underline{\alpha^*P + (1 - \alpha^*)Q \prec T}$*

$$(A.3.8)$$

Angenommen, es wäre

$$\alpha^*P + (1 - \alpha^*)Q \prec T \prec Q \qquad (A.3.9)$$

so gäbe es nach Axiom N 3 eine Zahl $\gamma \in (0, 1)$ so daß

$$\gamma[\alpha^*P + (1 - \alpha^*)Q] + (1 - \gamma)Q \prec T$$

oder, gemäß M 3: $\alpha^*\gamma P + (1 - \alpha^*\gamma)Q \prec T \qquad (A.3.10).$

Die Zahl $\alpha^*\gamma$ hat nun folgende Eigenschaften: $\alpha^*\gamma \notin \mathfrak{M}(T)$ (wegen A.3.10)) und $\alpha^*\gamma < \sup \mathfrak{M}(T)$ (wegen $\gamma < 1$). Nach Hilfssatz A 21 gibt es eine Zahl y mit den Eigenschaften

$$\alpha^*\gamma < y \qquad (A.3.11)$$

$$y \in \mathfrak{M}(T) \qquad (A.3.12)$$

Aus (A.3.11), Hilfssatz A 33 und (A.3.10) folgt:

$$yP + (1 - y)Q \prec \alpha^*\gamma + (1 - \alpha^*\gamma)Q \prec T \qquad (A.3.13)$$

aus (A.3.12) folgt nach Definition von $\mathfrak{M}(T)$

$$T \prec yP + (1 - y)Q \qquad (A.3.14)$$

Die beiden letzten Folgerungen zeigen den Widerspruch, der aus (A.3.9) folgt. Also gilt: nicht $\alpha^* P + (1 - \alpha^*) Q \prec T$.

Die Folgerungen aus Teil a) und Teil b) zusammen ergeben die behauptete Äquivalenzaussage (A.3.4) ■

Nach diesen Vorbereitungen kann der *Beweis des Hauptsatzes* erfolgen. Es sei $P \prec Q$. Für die Menge der Lotterien $T \in \mathfrak{M}$, die „zwischen" P und Q liegen, führen wir die Bezeichnung

$$[P, Q] = \{T \mid P \precsim T \precsim Q\} \tag{A.3.15}$$

ein. Nach N4 existieren in $\mathfrak{W}$ tatsächlich zwei Lotterien P, Q mit $P \prec Q$.

1. Teil. Wir zeigen zunächst, *daß der Hauptsatz für die Menge* $[P, Q] \subset \mathfrak{W}$ *gilt*. Es sei $T \in [P, Q]$. Als Nutzenfunktionswert von T setzen wir jene nach Hilfssatz A34 eindeutig bestimmte Zahl $u(T)$ für die gilt:

$$T \sim [1 - u(T)] P + u(T) Q \tag{A.3.16}$$

Wir zeigen nun, daß die durch (A.3.16) definierte Funktion $u(T)$ die Eigenschaften U1 und U2 besitzt.

Eigenschaft U1: Monotonie in bezug auf „$\precsim$".
Es seien V, W zwei beliebige Lotterien aus $[P, Q]$ und $u(V)$, $u(W)$ gemäß (A.3.16) definiert. Dann gilt:

$$
\begin{aligned}
u(V) \leqslant u(W) \;&\Leftrightarrow\; [1 - u(W)] \leqslant [1 - u(V)] \\
&\Leftrightarrow\; [1 - u(V)]P + u(V)Q \precsim [1 - u(W)]P + u(W)Q \\
&\qquad \text{nach Hilfssatz A33c)} \\
&\Leftrightarrow\; V \precsim W \qquad\qquad \text{nach (A.3.16)}
\end{aligned}
$$

Für die in bezug auf „$\precsim$" monotone Funktion u folgt nach Satz 4.1.a. auch

$$V \prec W \;\Leftrightarrow\; u(V) \prec u(W) \tag{A.3.17}$$

Eigenschaft U2: Linearität.
Nach Hilfssatz A33 ist mit $V, W \in [P, Q]$ auch $\alpha V + (1 - \alpha) W \in [P, Q]$, wenn $0 \leqslant \alpha \leqslant 1$. Gemäß (A.3.16) setzen wir

$$V \sim [1 - u(V)] P + u(V) Q$$

$$W \sim [1 - u(W)] P + u(W) Q$$

Nach Hilfssatz A32 wird dann

$$
\begin{aligned}
\alpha V + (1 - \alpha) W \sim\; &\alpha \{[1 - u(V)]P + u(V)Q\} + (1 - \alpha) \\
&\cdot \{[1 - u(W)]P + u(W)Q\}
\end{aligned}
$$

und gemäß Regel M 6 erhält man nach einiger Rechnung:

$$\alpha V + (1-\alpha)W \sim \{1 - [\alpha u(V) + (1-\alpha)u(W)]\}P + \{\alpha u(V) + (1-\alpha)u(W)\}Q$$

Nun ist diese Äquivalenz nichts anderes als die Darstellung von $\alpha V + (1-\alpha)W$ in der Form (A.3.16) und somit

$$u[\alpha V + (1-\alpha)W] = \alpha u(V) + (1-\alpha)u(W) \qquad \text{(A.3.19)}.$$

Die Umbenennung von (A.3.19) in

$$u(\alpha_1 P_1 + \alpha_2 P_2) = \alpha_1 u(P_1) + \alpha_2 u(P_2)$$

gibt U 2 für den Fall $k = 2$. Die Übertragung auf den allgemeinen Fall erfolgt durch vollständige Induktion nach k:

$$u(\alpha_1 P_1 + \ldots + \alpha_{k-1} P_{k-1} + \alpha_k P_k)$$

$$= u\left[(1-\alpha_k)\left[\frac{\alpha_1}{1-\alpha_k}P_1 + \ldots + \frac{\alpha_{k-1}}{1-\alpha_k}P_{k-1}\right] + \alpha_k P_k\right]$$

$$\text{(nach M7)}$$

$$= (1-\alpha_k)\, u\left[\frac{\alpha_1}{1-\alpha_k}P_1 + \ldots + \frac{\alpha_{k-1}}{1-\alpha_k}P_{k-1}\right] + \alpha_k u(P_k)$$

$$\text{(nach (A.3.19)}$$

$$= \alpha_1 u(P_1) + \ldots + \alpha_{k-1} u(P_{k-1}) + \alpha_k u(P_k)$$

nach Induktionsvoraussetzung.

Eigenschaft U3. Es sei u* eine weitere Funktion mit den Eigenschaften U 1, U 2 auf [P, Q]. Dann gilt für alle $V \in [P, Q]$:

$$u^*(V) = u^*[(1-u(V))P + u(V)Q] \qquad \text{(nach A.3.16)}$$

$$= [1 - u(V)]\, u^*(P) + u(V)\, u^*(Q)$$

$$= \underbrace{[u^*(Q) - u^*(P)]}_{=\ a}\, u(V) + \underbrace{u^*(P)}_{=\ b}$$

P, Q waren festgewählte Lotterien, also sind die Zahlen a, b tatsächlich Konstante. Aus (A.3.17) folgt wegen $P \prec Q$ auch $a > 0$.

2. Teil. Ausdehnung der Funktion u auf ganz $\mathfrak{W}$.
Es sei $T \prec P \prec Q$. Es gibt in $\mathfrak{W}$ ein Intervall $[P_1, Q_1]$ mit

$$T \in [P_1, Q_1] \quad \text{und} \quad [P, Q] \subset [P_1, Q_1] \qquad \text{(A.3.20)}$$

(zum Beispiel die Menge [T, Q]). Aus den Hilfssätzen A 33 und A 34 folgt die Existenz einer Zahl $\gamma \in (0, 1)$ so daß

$$P \sim (1-\gamma)T + \gamma Q \qquad \text{(A.3.21)}$$

Nach Teil 1 existiert eine (bis auf lineare Transformationen eindeutig bestimmte) Funktion u_1 auf $[P_1, Q_1]$ mit den Eigenschaften U1, U2. Für eine solche Funktion erhalten wir

$$u_1(P) = u_1[(1-\gamma)T + \gamma Q] = (1-\gamma)u_1(T) + \gamma u_1(Q) \quad (A.3.22)$$

Setzt man die Funktionswerte an den Stellen P, Q fest, so ist u_1 sogar eindeutig bestimmt. Wählt man

$$u_1(P) = 0 \qquad u_1(Q) = 1 \qquad\qquad (A.3.23)$$

so stimmt u_1 auf $[P, Q]$ mit u überein. Eine Funktion u_1, die (A.3.22) und (A.3.23) erfüllt, ist also die einzige Funktion, die U1 und U2 erfüllt und auf $[P, Q]$ mit u übereinstimmt. Man setzt daher $u(T) = u_1(T)$ und erhält aus (A.3.22) und (A.3.23)

$$u(T) = -\frac{\gamma}{1-\gamma} \qquad\qquad (A.3.24).$$

Im Falle $P \prec Q \prec T$ erhält man durch eine ähnliche Konstruktion aus

$$Q \sim (1-\delta)P + \delta T$$

die Erweiterung

$$u(T) = \frac{1}{\delta} \qquad\qquad (A.3.25).$$

Schließlich sei noch bemerkt, daß die Ergebnisse (A.3.24) und (A.3.25) von der speziellen Wahl der „umfassenden Intervalle" $[P_1, Q_1]$ nicht abhängen. ∎

A 4. Vektorräume

Vektorräume sind algebraische Strukturen, deren Verknüpfungsgesetze durch Abstraktion aus den bekannten Rechenregeln für Vektoren gewonnen wurden. Es sei

𝔙 eine Menge von Objekten, genannt *Vektoren*; Vektoren werden hier mit p, q, r, ... bezeichnet

ℝ die Menge der reellen Zahlen; reelle Zahlen werden hier mit α, β, γ, ... bezeichnet.

Im Zusammenhang mit den beiden Mengen 𝔙 und ℝ werden nun zwei Verknüpfungen betrachtet:

− die *vektorielle Addition*, welche je zwei Vektoren p, q ihre Summe p + q zuordnet

− die *skalare Multiplikation*, welche jedem Paar, gebildet aus einer reellen Zahl α und einem Vektor p das Produkt $\alpha \cdot p$ zuordnet.

Eine Menge $\mathfrak{B}$, zusammen mit den Verknüpfungen „+" und
„·" heißt *reeller Vektorraum* oder auch *reeller linearer Raum*,
wenn die folgenden Axiome V 1 bis V 8 erfüllt sind, die der
besseren Übersicht halber in drei Gruppen gegliedert seien:

Additionsgesetze

V1   K o m m u t a t i v g e s e t z : $p + q = q + p$

V2   A s s o z i a t i v g e s e t z : $p + (q + r) = (p + q) + r$

V3   E x i s t e n z   e i n e s   N u l l v e k t o r s :
Es gibt einen Vektor 0 mit der Eigenschaft
$$p + 0 = p \ \text{ für alle } p$$

V4   E x i s t e n z   e i n e s   e n t g e g e n g e s e t z t e n
V e k t o r s :
Zu jedem p gibt es einen Vektor $-p$, so daß
$$p + (- p) = 0$$

Multiplikationsgesetze

V5   A s s o z i a t i v g e s e t z : $\alpha \cdot (\beta \cdot p) = (\alpha\beta) \cdot p$

V6   E i n s m u l t i p l i k a t i o n : $1 \cdot p = p$

Distributivgesetze

V7   betreffend die reelle Addition: $(\alpha + \beta) \cdot p = \alpha \cdot p + \beta \cdot p$

V8   betreffend die vektorielle Addition:
$$\alpha \cdot (p + q) = \alpha \cdot p + \alpha \cdot q$$

Anmerkungen zur Bezeichnungsweise:
a) Statt „reeller Vektorraum" sprechen wir meist kurz von einem
„Vektorraum", da alle Anwendungen in der Entscheidungstheorie reelle
Zahlen als skalare Multiplikatoren verwenden.
b) Statt $p + (- q)$, schreibt man auch $p - q$ und bezeichnet $p - q$ als
Differenz der Vektoren p, q.
c) Statt $\alpha \cdot p$ schreibt man einfach auch αp. Dadurch werden allerdings
reelle Multiplikation und skalare Multiplikation gleich bezeichnet. Man
beachte überdies, daß im obigen Axiomensystem reelle und vektorielle
Addition (wie allgemein üblich) gleich bezeichnet wurden, was die Natur
der Distributivgesetze eher verschleiert: In V 7 bedeutet das Zeichen
„+" auf der linken Seite der Gleichung die reelle Addition, auf der
rechten Seite die vektorielle Addition.

Beispiele. a) Es sei $\mathfrak{B} = \mathbb{R}^n$, also die Gesamtheit aller n-tupel reeller
Zahlen
$$x = (x_1, \ldots, x_n)$$
Erklärt man als die *Summe* der beiden n-tupel
$$x = (x_1, \ldots, x_n) \qquad y = (y_1, \ldots, y_n)$$

als das n-tupel

$$x + y = (x_1 + y_1, \ldots, x_n + y_n)$$

und als *Produkt* einer reellen Zahl α mit einem n-tupel x

$$\alpha x = (\alpha x_1, \ldots, \alpha x_n)$$

so sind, wie man leicht nachweist, die Axiome V1 bis V8 bezüglich der so erklärten Summe und Produkt erfüllt. Man nennt diesen Vektorraum auch den *n-dimensionalen arithmetischen Vektorraum.*

b) Es sei 𝔚 die Menge aller reellen Funktionen f(t), die in einem bestimmten Intervall $t_0 \le t \le t_1$ definiert sind. Erklärt man die *Summe* zweier Funktionen f + g durch

$$(f + g)(t) = f(t) + g(t)$$

und das skalare *Produkt* αf durch

$$(\alpha f)(t) = \alpha f(t)$$

so bildet 𝔙 ebenfalls einen Vektorraum.

A 5. Konvexe Linearkombinationen; konvexe Körper

Gewisse Teilmengen eines Vektorraumes spielen in der Entscheidungstheorie eine besondere Rolle, nämlich die konvexen Mengen oder Körper. Konvexe Körper wurden zunächst im zwei- und dreidimensionalen euklidischen Raum der geometrischen Anschauung betrachtet; sie können dort so charakterisiert werden: Liegen zwei Punkte in ℜ, so liegt auch die Verbindungsstrecke dieser beiden Punkte ganz in ℜ. In Fig. A 5.1 werden einige Beispiele für konvexe und nichtkonvexe Mengen im zweidimensionalen Raum gegeben:
– konvex sind die Beispiele a) und b)
– nichtkonvex die Beispiele c) und d). In beiden Fällen existieren Verbindungsstrecken PQ, die nicht ganz in ℜ liegen, obwohl die beiden Endpunkte in ℜ enthalten sind
– der gesamte Raum $\mathbb{R}^2$ ist eine konvexe Menge.

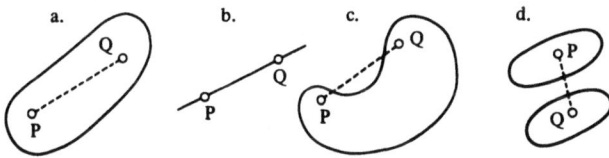

Fig. A5.1 Beispiele für konvexe und nichtkonvexe Mengen

Es zeigt sich nun, daß entsprechende Begriffe auch für allgemeine reelle lineare Räume (d. h. reelle Vektorräume) konzipiert werden können. Wir geben dazu, ausgehend von einem reellen Vektorraum $\mathfrak{V}$, eine Sequenz von Definitionen und Sätzen.

> *Definition A 51.* Es seien p, q Elemente aus $\mathfrak{V}$. Die Menge
>
> $$\overline{pq} = \{(1 - \alpha)\, p + \alpha q \mid 0 \leqslant \alpha \leqslant 1\}$$
>
> heißt *Verbindungsstrecke* der Elemente p, q.

Darauf aufbauend gewinnt man den Begriff der konvexen Menge.

> *Definition A 52.* Eine Teilmenge $\mathfrak{R} \subset \mathfrak{V}$ heißt *konvexe Menge* (k o n v e x e r   K ö r p e r), wenn gilt:
>
> Aus $p \in \mathfrak{R}, q \in \mathfrak{R}$ folgt $\overline{pq} \subset \mathfrak{R}$

Den Ausdruck, welcher zum Begriff der Verbindungsstrecke führt, kann man verallgemeinern:

> *Definition A 53.* Es seien $p_1, \ldots, p_k$ Elemente von $\mathfrak{V}$. Ein Element der Form
>
> $$\alpha_1\, p_1 + \ldots + \alpha_k\, p_k \quad \text{mit} \quad \sum_{i=1}^{k} \alpha_i = 1, \quad \alpha_i \geqslant 0$$
>
> heißt *konvexe Linearkombination* von $p_1, \ldots, p_k$.

Daß konvexe Linearkombinationen eine ähnliche Rolle spielen wie Verbindungsstrecken, kann, basierend auf den Definitionen A 51 und A 52 nun als S a t z ausgesprochen werden:

> *Satz A 51.* Eine Menge $\mathfrak{R}$ ist dann und nur dann konvex, wenn sie jede konvexe Linearkombination aus ihren Elementen enthält.

Beweis: a) Ist jede konvexe Linearkombination von Elementen aus $\mathfrak{R}$ in $\mathfrak{R}$ enthalten, so gilt dies auch für konvexe Linearkombinationen aus zwei Elementen. Konvexe Linearkombinationen aus zwei Elementen p_1, p_2 lassen sich in der Form $(1 - \alpha)\, p_1 + \alpha p_2$, $0 \leqslant \alpha \leqslant 1$ schreiben. Das heißt aber, daß die Bedingung von Definition A 51 erfüllt ist.

b) Es sei $\mathfrak{R}$ konvex und $q = \alpha_1 p_1 + \ldots + \alpha_k p_k$ eine konvexe Linearkombination von Elementen $p_1, \ldots, p_k$ aus $\mathfrak{R}$. Ist $k = 1$, so ist $q = p_1$, also $q \in \mathfrak{R}$. Ist $k = 2$, so liegt q auf der Verbindungsstrecke $\overline{p_1\, p_2}$ und daher ebenfalls $q \in \mathfrak{R}$. Durch vollständige Induktion nach k wird nun gezeigt, daß $q = \alpha_1 p_1 + \ldots + \alpha_k\, p_k \in \mathfrak{R}$. Den Fall $\alpha_k = 1$ ist durch die Bemerkung erledigt, daß dann q = $p_k \in \Re$, also wieder der Fall k = 1 gegeben wäre. Es sei also $\alpha_k < 1$. Dann ist

$$q = \alpha_1 p_1 + \ldots + \alpha_k p_k = \sum_{i=1}^{k-1} \frac{\alpha_i}{1-\alpha_k} [(1-\alpha_k) p_i + \alpha_k p_k]$$

(A.5.1)

Die Elemente $(1-\alpha_k) p_i + \alpha_k p_k$ sind gemäß Definition A 51 in $\Re$. Die rechte Seite ist somit eine konvexe Linearkombination von k − 1 Elementen aus $\Re$, also nach Induktionsvoraussetzung in $\Re$ enthalten. ∎

Ein wichtiges Erzeugungsprinzip für konvexe Menge liefert der Begriff der konvexen Hülle:

> *Definition A 54.* Es sei $\mathfrak{M}$ eine beliebige Untermenge von $\mathfrak{V}$. Die *konvexe Hülle conv (M)* von $\mathfrak{M}$ ist der Durchschnitt aller konvexen Mengen, welche $\mathfrak{M}$ enthalten.

Es gibt immer eine konvexe Menge, welche $\mathfrak{M}$ umfaßt, nämlich der gesamte Vektorraum $\mathfrak{V}$. Da der Durchschnitt beliebiger Systeme konvexer Mengen wieder konvex ist, ist conv($\mathfrak{M}$) eine konvexe Menge, und zwar sogar die *kleinste konvexe Menge, welche $\mathfrak{M}$ enthält*.

Der folgende Satz zeigt nun, wie die konvexe Hülle einer Menge $\mathfrak{M}$ noch charakterisiert bzw. gewonnen werden kann.

> *Satz A 52.* Es sei L($\mathfrak{M}$) die Menge aller konvexen Linearkombinationen von Elementen aus $\mathfrak{M}$. Dann gilt:
> a) L($\mathfrak{M}$) ist konvex
> b) L($\mathfrak{M}$) = conv($\mathfrak{M}$)

Beweis: a) Es seien p, q Elemente aus L($\mathfrak{M}$), das heißt, sie können als konvexe Linearkombinationen aus Elementen von $\mathfrak{M}$ dargestellt werden. Ohne Beschränkung der Allgemeinheit kann man sogar annehmen, daß beide Darstellungen die gleiche Menge von Elementen $\{p_1, \ldots, p_k\} \subset \mathfrak{M}$ benutzen:

$$p = \sum_{i=1}^{k} \alpha_i p_i \quad \text{mit} \quad \sum \alpha_i = 1, \quad \alpha_i \geqslant 0 \quad \text{(A.5.2)}$$

$$q = \sum_{i=1}^{k} \beta_i p_i \quad \text{mit} \quad \sum \beta_i = 1, \quad \beta_i \geqslant 0 \quad \text{(A.5.3)}$$

Dies kann nämlich, wenn notwendig, immer erreicht werden,

indem man geeigneten Koeffizienten den Wert 0 zuschreibt. Sei $0 \leqslant \alpha \leqslant 1$. Dann ist

$$(1 - \alpha)\, p + \alpha q = (1 - \alpha) \sum_{i=1}^{k} \alpha_i\, p_i + \alpha \sum_{i=1}^{k} \beta_i\, p_i$$

$$= \sum_{i=1}^{k} [(1 - \alpha)\, \alpha_i + \alpha \beta_i]\, p_i$$

mit $(1 - \alpha)\, \alpha_i + \alpha \beta_i \geqslant 0$ sowie $\sum_{i=1}^{k} [(1 - \alpha)\, \alpha_i + \alpha \beta_i] =$

$= (1 - \alpha) \sum_{i=1}^{k} \alpha_i + \alpha \sum_{i=1}^{k} \beta_i = (1 - \alpha) + \alpha = 1$. Es ist also

$(1 - \alpha)\, p + \alpha q \in L(\mathfrak{M})$, da konvexe Linearkombination von Elementen aus $\mathfrak{M}$. Somit folgt aus p, q $\in L(\mathfrak{M})$ $(1 - \alpha)\, p + \alpha q \in L(\mathfrak{M})$, also ist $L(\mathfrak{M})$ konvex.

b) Da jedes Element von $\mathfrak{M}$ in trivialer Weise eine konvexe Linearkombination von Elementen aus $\mathfrak{M}$ ist, gilt $\mathfrak{M} \subset L(\mathfrak{M})$. $L(\mathfrak{M})$ ist also eine konvexe Menge (Teil a) des Beweises), die $\mathfrak{M}$ enthält. Gemäß Definition A 54 ist conv($\mathfrak{M}$) der Durchschnitt aller Mengen mit dieser Eigenschaft, also gilt

$$\text{conv}(\mathfrak{M}) \subset L(\mathfrak{M}) \tag{A.5.4}$$

Andererseits ist conv($\mathfrak{M}$) eine konvexe Menge, welche $\mathfrak{M}$ enthält; nach Satz A 51 enthält sie jede konvexe Linearkombination von Elementen aus $\mathfrak{M}$, also ist

$$L(\mathfrak{M}) \subset \text{conv}(\mathfrak{M}) \tag{A.5.5}$$

(A.5.4) und (A.5.5) zusammen ergeben $L(\mathfrak{M}) = \text{conv}(\mathfrak{M})$. ∎

A 6. Punktmengen im $\mathbb{R}^n$

Im Beispiel a) des Anhangs A 4 wurde gezeigt, daß n-tupel reeller Zahlen den n-dimensionalen arithmetischen Vektorraum $\mathbb{R}^n$ bilden. Eine Reihe von weiteren Begriffen, wie Umgebung eines Punktes, Häufungspunkt, offene und abgeschlossene Menge, Rand einer Menge − kurzum *topologische* Begriffe − kann nach der Einführung einer *Distanz* konstruiert werden. Die bekannteste Möglichkeit der Definition einer Distanz zwischen zwei Punkten $x = (x_1, \ldots, x_n)$ und $y = (y_1, \ldots, y_n)$ des $\mathbb{R}^n$ bietet die *euklidische Distanz*

$$d(x, y) = \sqrt{(x_1 - y_1)^2 + \ldots + (x_n - y_n)^2}. \tag{A.6.1}$$

Die Begriffe Umgebung eines Punktes, Häufungspunkt werden in der Analysis mittels dieses Distanzbegriffes eingeführt und seien hier als bekannt vorausgesetzt. In diesem Abschnitt sei vorausgesetzt, daß der $\mathbb{R}^n$ mit der euklidischen Distanz (A.6.1) ausgestattet ist.

Es sei $\mathfrak{S}$ eine Teilmenge des $\mathbb{R}^n$.

> *Definition A 61.* Die *Hülle* der Menge $\mathfrak{S}$ ist die Vereinigung der Punkte von $\mathfrak{S}$ und der Häufungspunkte von $\mathfrak{S}$. Sie wird mit $\overline{\mathfrak{S}}$ bezeichnet.

> *Definition A 62.* Die Menge $\mathfrak{S}$ heißt *nach unten beschränkt*, wenn es eine Zahl K gibt, so daß für jeden Punkt $x = (x_1, \ldots, x_n) \in \mathfrak{S}$ gilt:
>
> $$x_j > K \quad \text{für alle} \quad j = 1, \ldots, n$$

> *Definition A 63.* Die Menge Q(x), gegeben durch
>
> $$Q(x) = \{y \in \mathbb{R}^n \mid y_j \leqslant x_j \text{ für } j = 1, \ldots, n\}$$
>
> heißt *unterer Quantant* zum Punkte $x = (x_1, \ldots, x_n)$.

Die in § 8 bei der geometrischen Deutung von Minimax-Aktionen eingeführten Mengen Q(v) sind demnach als unterer Quantant zum Punkt $(v, \ldots, v)$ anzusehen.

> *Definition A 64.* Ein Punkt x ist *unterer Randpunkt* der Menge $\mathfrak{S}$, wenn gilt:
>
> $$Q(x) \cap \overline{\mathfrak{S}} = \{x\}$$

Diese Definition besagt, daß die Hülle der Menge $\mathfrak{S}$ und der untere Quantant zum unteren Randpunkt gerade diesen Punkt gemeinsam haben.

Beispiel. a) Es sei $\mathfrak{S}$ die offene Kreisscheibe $\{(x_1, x_2) \mid x_1^2 + x_2^2 < 1\}$. Der Punkt $\left(-\dfrac{3}{5}, -\dfrac{4}{5}\right)$ gehört nicht zu $\mathfrak{S}$, ist jedoch unterer Randpunkt von $\mathfrak{S}$.

b) Es sei $\mathfrak{S}$ das Quadrat $\{(x_1, x_2) \mid 0 \leqslant x_1 < 1, 0 \leqslant x_2 < 1\}$. Der Punkt $(0, 0)$ ist der einzige untere Randpunkt von $\mathfrak{S}$.

> *Definition A 65.* Als *unteren Rand* ru($\mathfrak{S}$) der Menge $\mathfrak{S}$ versteht man die Menge aller unteren Randpunkte von $\mathfrak{S}$.

> *Definition A 66.* Eine Menge $\mathfrak{S}$ heißt *abgeschlossen von unten*, wenn sie die Menge ru($\mathfrak{S}$) ihrer Randpunkte enthält.

Die Bedeutung des unteren Randes von $\mathfrak{S}$ beruht auf folgendem

> *Satz A 61.* Sei $\mathfrak{S}$ die Verlustmenge eines Entscheidungsproblems und zugleich abgeschlossen. Dann bilden die zulässigen Aktionen den unteren Rand von $\mathfrak{S}$.

Durch Satz A 61 wird die genaue geometrische Charakterisierung der zulässigen Aktionen gegeben.

Literaturverzeichnis

Bamberg, G. (1972). Statistische Entscheidungstheorie. Würzburg, Physica-Verlag.

Barnett, V. (1973). Comparative Statistical Inference. London, Wiley.

Borch, K.H. (1969). Wirtschaftliches Verhalten bei Unsicherheit. München, Oldenbourg.

Chernoff, H., L.E. Moses (1959). Elementary Decision Theory. New York, Wiley.

Churchman, C.W., R.L. Ackoff, E.L. Arnoff (1961). Operations Research. Wien, Oldenbourg.

De Groot, M.H. (1970). Optimal Statistical Decisions. New York, McGraw-Hill.

Faure, R., E. Heurgon (1971). Structures ordonnées et algebres de Boole. Paris, Gauthier-Villars.

Ferguson, T.S. (1967). Mathematical Statistics: A Decision Theoretic Approach. New York, Academic Press.

Fishburn, P.C. (1970). Utility Theory for Decision Making. New York, Wiley.

– (1972). Mathematics of Decision Theory. Monton, The Hague.

– (1973). A Mixture-Set Axiomatization of Conditional Subjektive Expected Utility. Econometrica, 41, 1–25.

Hodges Jr. J.L., E.L. Lehmann (1952). The Use of Previous Experience in Reaching Statistical Decisions. Ann. Math. Statistics, 23, 396–407.

Hurwicz, L. (1951). Optimality Criteria for Decision Making Under Ignorance. Cowles Commission Discussion Paper. Statistics, No. 370.

Krelle, W. (1968). Präferenz- und Entscheidungstheorie. Tübingen, Mohr.

Lindley, D. (1971). Making Decisions. London, Wiley-Interscience.

Menges, G. (1969). Grundmodelle wirtschaftlicher Entscheidungen. Köln und Opladen, Westdeutscher Verlag.

Niehans, J. (1948). Zur Preisbildung bei ungewissen Erwartungen. Schweiz. Z. f. Volkswirtschaft u. Statistik, 84, 433–456.

Pfanzagl, J. (1968). Theory of Measurement. Würzburg, Physica-Verlag.

Raiffa, H. (1973). Einführung in die Entscheidungstheorie. München, Oldenbourg.

Savage, L.J. (1951). The Theory of Statistical Decision. J. Amer. Stat. Ass. 46, 55–67.

– (1972). The Foundations of Statistics. New York, Dover.

Schneeweiß, H. (1967). Entscheidungskriterien bei Risiko. Berlin, Springer-Verlag.

Stegmüller, W. (1973a). Personelle und Statistische Wahrscheinlichkeit. Erster Halbband: Personelle Wahrscheinlichkeit und Rationale Entscheidung. Berlin, Springer-Verlag.

Stegmüller, W. (1973b). Personelle und Statistische Wahrscheinlichkeit. Zweiter Halbband: Statistisches Schließen. Statistische Begründung. Statistische Analyse. Berlin, Springer-Verlag.

Wald, A. (1950). Statistical Decision Functions. New York, Wiley.

Register